もっと あの世に聞いた、
この世の仕組み

雲 黒斎

JN118634

SB
サンマーク
文庫

もっと あの世に聞いた、この世の仕組み ◉ 目次

編集協力：株式会社ぷれす
編集：金子尚美＋尾澤佑紀（サンマーク出版）

プロローグ

もし、神が実在するというのなら、いまここで、それを証明してみせよ。

戦争、災害、テロ、病。

犯罪、貧困、飢餓、倒産。

自殺に、イジメに、事故、えん罪……。

神が実在するというのなら、連日連夜ニュースで垂れ流されるこの悲劇を、いったいどう説明してくれる。

無知や悪行によっての自業自得なのだというのなら、まだ少なからずの余地があるとしても、純真無垢《むく》な、何の罪もない子供たちまでもが、涙ながらに死んでいくその様を、神はどんな顔で眺めているというのか。本当に神がいるのなら、なぜ神は罪のない人間までも、これほど苦渋に満ちた世界に突き落とし、なおとどまらせる必要があるのか。

私がそう問えば、「現世に落ち度はないにせよ、過去世までに積み重ねてしまった数々の過ちを、この時代において清算しているのだ」と、そんな、どこかで聞いたような受け売りで答える者もいるだろう。

だとしても、だ。

ならば、なにゆえに全知全能であるはずの創造主は、わざわざ罰せねばならぬ者や、それを可能にする世界をつくり出したというのか。神が愛や平和そのものであるというのなら、端《はな》から悪などつくらなければよかったではないか。

「アダムとイブが禁断の果実をかじったからいけないのだ」と言うのなら、なぜ最初から食べられないようにしておかなかった。むしろ、なにゆえ食べてはならない禁断の果実そのものを創造したのだ。

自分の創造したルールを無理強いしておきながら、「それに背いたからこその罰なのだ」と、そんな理由で楽園から追放するとは、あまりにも底意地の悪い神様ではないか。

それでもなお、「おまえの目の前にある惨劇は、信心・信仰心が低いからこそなのだ」とか言う宗教家がいるのなら、いよいよ「そんな懐が狭く、相手を選り好《え》みする神様など、こちらから願い下げだ」と、お連れの神様とともにお引き取り願いたくなる。

とにもかくにも、我々人間が日々直面する悲惨きわまりないこの現実を、解決しきれていないということこそが、「神」が人間のイマジネーションでしかないことを端的に表しているではないか。

はては、そんな実在するはずもない神を崇《あが》めたて、こっちが正しい、いや、おまえが間違っているだのといっては、教えを押しつけ、罵《ののし》り、殺し合う。愛と平和、真理を求めた結果が宗教戦争という本末転倒のお粗末さ。ところ変わって、教祖の軽いひと言で、何の疑いもなく人をあやめてしまえる妄信的なその信者や、「除霊」などと託《かこつ》けてセクハラ行為に及ぶエセ坊主。

いまや、宗教の中にすら、神や仏の姿などこれっぽちも見えやしない。あれやこれやに手を合わせ、ブツブツと念仏やら神頼みに明け暮れている人々よ、早く目を覚まして現実を見るがいい。神も仏も霊も妖怪《ようかい》も、そんなものはいやしないのだから……。

な～んて、それほど小難しく考えたことはなかったにせよ、日々積み重なっていくさまざまなストレスと、どうにも受け入れがたい不都合な真実の数々を前にすれば、一介の小市民である僕には、神の存在など信じられるはずがありませんでした。

日常のほとんどは会社と自宅の往復のみ。これといった趣味もなく、日祭日は「寝て曜日」。生き甲斐《がい》を見いだそうと必死になっていた仕事からも、「現実はそう甘いものではないぞ」と軽くあしらわれると、早々にモチベーションも下がり出し、感じられるのはストレスばかり。

「チリも積もれば山となる」とはよく言ったもので、小さなストレスも、積み重なれば病の種。やがてその実は大きく実り、いよいよ僕の脳はセロトニン欠乏による記憶障害という域にまで故障してしまうのでありました。

ちっとも思うように進まない自分の人生に嫌気がさし、「生きている」というよりも、「死んでいない」といった感じで、惰性的かつ自暴自棄な人生を送る毎日。人知れず、着々と地獄に向けての転落人生を送っていたのです。

が、二〇〇四年の春のこと。そんな僕の人生・価値観がガタガタと音をたてて崩れ去り、世界が一変してしまうというハプニングが訪れました。

それまで一切関心がなかった、いや、思いつきすらしなかった異次元との交信。

いわゆる守護霊（僕は「雲《うん》さん」と呼んでいます）が突如として僕に話しかけ「気持ちはわからんでもないけども、そういうことじゃないんだな」と、僕の価値観やもののとらえ方に指摘を与え、「自分とは」「幸せとは」「人生とは」「神とは」「天国と地獄とは」と、いろいろなアプローチから『この世の仕組み』を説明してくれるという、何ともファンタジーな出来事に遭遇してしまったのです。

うん、「そんな話、どうせ嘘《うそ》か勘違いでしょ」とおっしゃるあなた、そのお気持ちもよくわかります。

こういうのはなんだけど、それを経験した僕自身ですら、受け入れがたい出来事でしたから。

ましてそんな類《たぐ》いの話を聞こうものなら「何それ、きもい」と、そういった方々から距離を置きたくなる側の人間でしたから。「うさん臭いやつだ」と思われてもしょうがないな、という思いは人一倍あるつもりです。

とはいえやはり、僕の人生を大きく好転させたそのことを、どうにか誰かに伝えたい。どこかに自分と同じ体験をした人がいるのなら、一度話をしてみたい。

そんな思いが発端となり、二〇〇六年六月二十三日、僕は「あの世に聞いた、この世の仕組み」と題したブログを立ち上げ、自らが経験した出来事や気づき、また、それらを通じて学んだあれこれを綴《つづ》りはじめました。

ある意味、世間の常識から大きく逸脱した話をするつもりでしたから、うさん臭く思われるのは覚悟のうえ。いや、どうせなら自ら「うさん臭い」と名乗ってしまえ、と、ハンドルネームは「雲 黒斎（ウンコクサイ）」に。

富も権威もありゃしない、ふざけた名前の誰かが語る真偽のわからぬ体験談ですから、僕とて無理に押しつけるつもりはないのです。「もともとガラスのハートを抱えたナイーブな人間なので、どうぞお手柔らかに、ご興味のある方だけ読んでください」と、消極的な感じで始めたこのブログが、おかげさまで、いつの間にやら僕の想像を大きく超えるアクセス数となり、その後にはブログと同タイトルの本が出版されるまでとなりました。

僕の身に何が起こり、そして、守護霊（雲さん）は、僕（黒斎）に何を話したのか。もし関心をお寄せいただきましたなら、ぜひブログや前作にもお目通しくださいませ。

はてさて、その後もたくさんの応援をいただき、こうして続編を執筆する機会をちょうだいいたしました。題しまして『もっと あの世に聞いた、この世の仕組み』。

今回は、「いまここ」や「ワンネス」、「アセンション」などなど、昨今の精神世界コーナーで目にすることの多いアレコレをテーマに、これまで以上にウンコクサく（うさん臭く）お届けするものです。

第1章

「誕生」という思い込み

さて、そんなこんなで第1章。まずは、「生命《いのち》って何だろう」ってなことからお話しさせていただこうかと。

なぜ最初にこのテーマをお話しするのかといいますと、実はこれにこそ、僕が出会ってしまった受け入れがたい真実の根幹が隠されているからなのです。

その受け入れがたい真実とは、「死は存在しない」、つまり「僕たちは死なない（死ねない）」という、実に荒唐無稽《むけい》な話でして……。

ええ、唐突にそんなこと聞かされても困っちゃいますよね。正直なところ、僕自身も最初はうまく飲み込めずにいた内容なんです。

でもこれは、突き詰めれば突き詰めるほど、疑いの余地がなくなる事実であり、決して、「そう考えることで心が楽になるよ」とか、「そう信じてみましょう」という思想の提案でもありません。

これまで「当たり前だ」と素通りしてきた常識を、「ちょっと待てよ」という視点であらためて見つめ直すと、「あれあれ？　よくよく考えてみると、たしかに死にようがないな……」となっていく不思議な事実。

なかなか飲み込みづらいこともあるかとは思いますが、ぜひ一度、世界の常識となってしまっている「当たり前」を疑ってみてほしいのです。

前作『あの世に聞いた、この世の仕組み』（サンマーク出版刊）の第3章では、そのアプローチの一つとして、「《自分と自分以外がある》というこの認識のされ方は、幻想の中で行われている誤認・錯覚で、本来存在のすべては一つの同じものである。ゆえに、生命は複数存在するのではなく、唯一無二の存在であり、人はみなその同じ命を共有している。また、『自分』が命を所有しているのではなく、命そのものが『自分』であるため、『命を失う』ということ自体がありえない」というお話をかみ砕いてご説明してみました。

今回は、もう一つ別のアプローチ「だって、死ぬ以前に、誰一人として生まれていないんだもん」という、突拍子もないところから、僕たちが死ねない理由をお話ししてみたいと思います。

僕が異次元との交信を始めてから、雲さんに幾度となく問いかけてきた質問の一つが「人はなぜ生まれ、なぜ死ななければならないのか」というものでした。僕のその疑問に、雲さんはさまざまな形で答えてくれましたが、あるときこういった話をしてくれたのです――。

(雲さん・以下略)「人はなぜ生まれ、なぜ死ぬのか」といった疑問の持ち方そのものがおかしい。

もともと「おまえという命が生まれた」ことなんてなかったのだから、死もありえない。最初からないものは喪失しようがない。

前提から間違っているから、質問が質問として成り立っていないんだよ。

(黒斎・以下略)「僕が生まれていない? だとしたら、僕がいまこうして生きていることをどう説明するんですか」

「生きている」ということと、「生まれる（誕生する）」ということはイコールでは結べない。「生きている」という現在進行形は事実だが、「（個別の命として）生まれたことがある」という概念は、ただの思い込み・空想の産物でしかないんだ。よく考えてみてごらん。おまえはもとより、誰一人として「生命の誕生」を目撃した人間などいないよ。

「そんなバカな！」

バカなもんか。では逆に聞こうじゃないか。「生命の誕生」は歴史上、いつ、どこで発見されたのかね。

「はぁ？　そんなの、いつでもどこでも、いくらでも見られるでしょうよ。産婦人科に行ったって、どこかの馬小屋でだって、ウミガメが産卵した後の砂浜でだって、新しい命の誕生は世界中の至るところで日常的に目撃することができるでしょ」

いや違うな。いまおまえが見られると言ったのは「出産」や「孵化《ふか》」といった現象についてのことだろ。そうではなくて、私が示してみろと言ったのは《生命の誕生》のことだよ。

じゃあ質問の仕方を変えてみようか。おまえが「(個別の命として)生まれたことがある」というのなら、それはいったいいつのことだい?

「そりゃぁ、昭和四十八年の四月……」

ちょっと待った! いまおまえが話そうとしているそれは「生命の誕生」じゃなくて「誕生日」のことだろ。おまえが母親の腹から取り上げられたときの話だ。じゃあ何か、子が母の腹から取り出された瞬間に、新しい命ってのが誕生するのか?

「あ、いや、たしかに、それは違うね……」

そうだろう? 出産の前から胎児は母親の腹の中で生きてるもんな。母の自覚とは無関係に、内側からおなかを蹴《け》ったりしてるワケだから。それに産婦人科の先生だって「出産」が「新しい生命の誕生」でないことは重々承知のはずだよ。出産に立ち会う前から、エコーでお母さんのおなかを見て、「お子さん、おなかの中でスクスク元気に育ってますよ~」とか言ってるものな。ということは、そこではすでに命の存在が認められているということだ。

「うん、言われてみればたしかにそうだよね。だとしたら……。新しい命はどこで吹き込まれるんだろう。受精卵が子宮に着床した瞬間? それとも受精時だろうか……」

だから何度も言ってるだろう。そもそも「新しい命が吹き込まれる」なんてことがないんだよ。

どこを探したって見つかりはしないさ。それは何も、「魂や霊は物質じゃないから、肉眼でとらえることはできない」とかいう話じゃない。そういうことではなく、客観的な事実として、「新しい命が生まれる」ということも、「肉体に命が吹き込まれる」ということもありえないってことなんだ。

考えてごらんよ。もし「新しい命がどこかで吹き込まれることがある」とするならば、「命を吹き込まれる以前の、命をもたない何か」があったことになる。つまり、「命が入るための器」だね。多くの人間は、肉体のことをその器だと考えているようだが、これが大間違いだ。

「大間違い？」

だってそうだろう。「命が入る器（その時点で命をもっていない何か）」があるとするのなら、それはつまり「生きていない何か」ということになる。
が、しかし、おまえがこうしてここに存在するにあたり、どこかの時点で「生きていない何か」であったことがあるだろうか。

「え？」

受精卵が子宮に着床する以前、その受精卵は「生きていない何か」だったろうか。いや、そんなはずはない。すでに「生きている」。現にその胚《はい》は、着床する前から細胞分裂を繰り返して子宮へ向かう。では、精子と卵子が結合する以前、それらは「生きていない何か」だったろうか。これも違う。精子だって卵子だって、ちゃんと生命体として活動しているだろう？　さらにさかのぼって、精子を生成したおまえの父、卵子を生成したおまえの母が、「生きていない何か」だったなんてことがあるだろうか！

「いや、うん……。たしかにありえないね。もともと両親のセックスはあまり想像したくないものだけど、それがゾンビの性交だとしたら、もっと想像したくない（笑）。

それに、いまの話を聞いていたら、生物一つひとつに個別の命があるのだと仮定したら、たしかに辻褄《つじつま》が合わなくなるってことに気づいたよ。精子の命、卵子の命がそれぞれ別々に存在しているのだとしたら、それが結合して成長した僕には、二つの命が宿っているっていうヘンな話になっちゃうものね。

それに、もしこれが一卵性双生児だとしたら、命が通常の二分の一ずつになるっていう、もっとヘンな話になってしまう。なんでこんな単純な矛盾さえ、気づくことができなかったんだろう」

「当たり前」という刷り込みの中で、疑ったり、考えたりしようとすること自体思い浮かばない。「ただの根深い思い込み」が「真実」だと勘違いされ

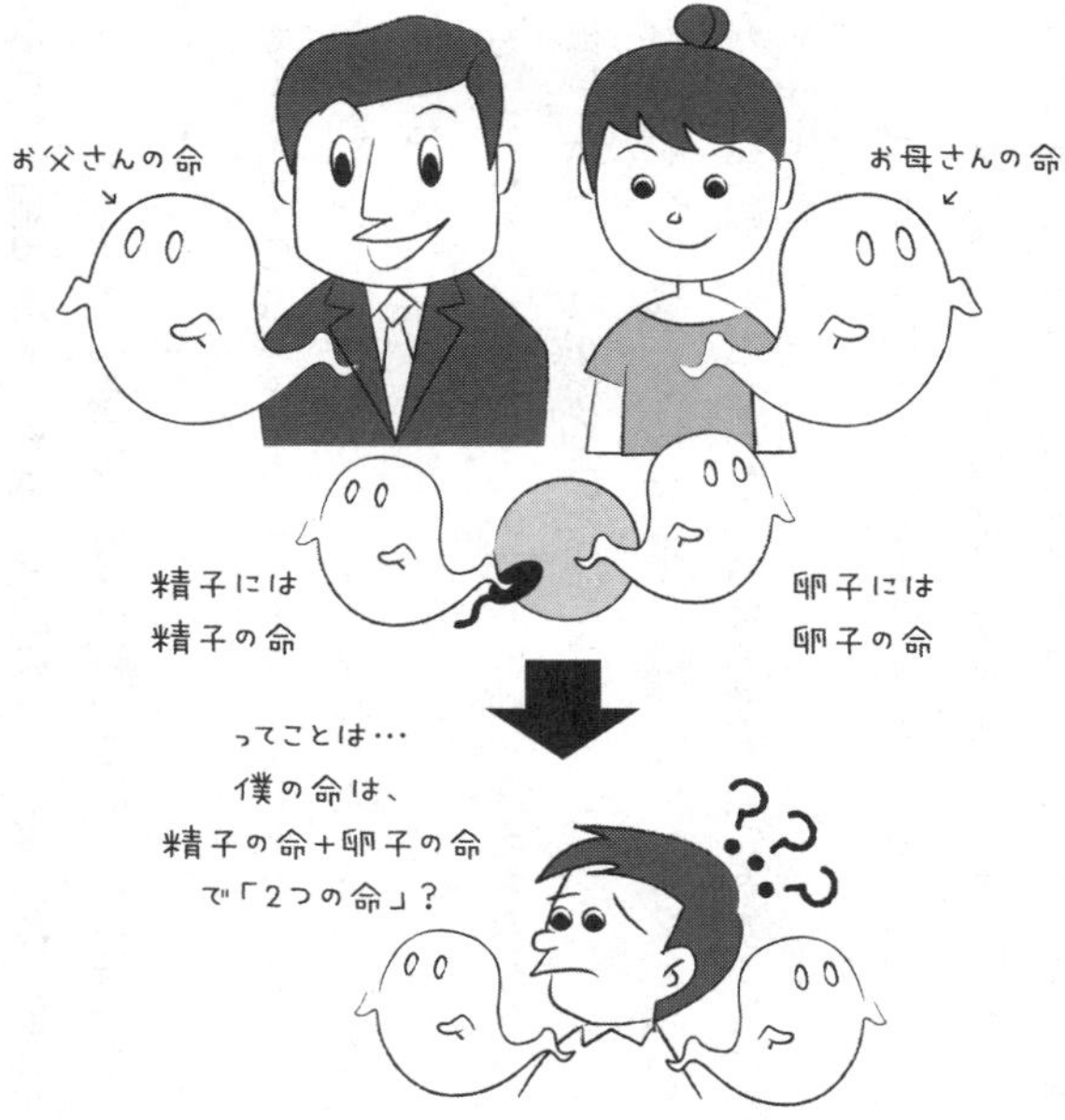
お父さんの命
お母さんの命
精子には
精子の命
卵子には
卵子の命
ってことは…
僕の命は、
精子の命＋卵子の命
で「2つの命」？

たまま受け継がれた結果だよ。もはや洗脳に近い状態だね。まぁ、みんながみんな「常識」だと思っていることを受け継いでいった結果だから、誰が仕掛けたって話じゃないけどさ。

人間は「新しい命が誕生する」という根拠のない妄想を抱えているからこそ、世界を根本的なところから見誤ってしまうんだ。ありもしない死を恐れて、本来の生を見失う。

これまでも、そしてこれからも、「新しい命」が生まれるなんてことは起こらない。ましてや、それがなくなるなんてことも。

同じことが、『般若心経《はんにゃしんぎょう》』では「不生不滅」という言葉で語られてるね。生まれないから、死ぬこともないと。命は分離も消失もすることなく、ただ脈々と生きつづけている。

「生命」は、一つ、二つと数えられるようなものじゃない。以前から話しているとおり、「個別に分離された状態で存在する命がある」という認識や、「私の命（命を所有している）」「誕生と消失が可能な命」という観念自体が誤ったものだ。
「生命」というもののとらえ方が根本的に間違っているんだよ。

「う～ん……。そう言われてみれば不思議な気持ちになるし、たしかにそうなのかもって思うんだけど、じゃぁ『死なない（死ねない）』ってことを本当に理解できたのか、それによって死の恐怖がぬぐえたのかといえば、そうじゃない。『頭ではわかるような気がするけど……』っていう域を出ないんだ」

まぁ、これまでどっぷり誤った世界観の中で生きてきたからね。それが身に染みているから、いま話したような、これまでと違うとらえ方に違和感を覚えるかもしれない。でもね、それはそれでかまわないよ。急がず、じっくり進むことにしよう。「いままでの価値観・とらえ方が間違っていたのなら、じゃあ真実はどうなんだ」といった探求を始めるのは後回しだ。

それよりも先に、いま現在の物事のとらえ方・世界の見え方を徹底的に疑ってごらん。自分がいかに物事をありのままに把握できていないかをもっと自覚してごらん。これまで「当たり前だ」と素通りしてきた、誤った思い込みの多さに気づいてごらん。

「知っているつもり」で世界を見るのではなく、「何もわかってなどいない」というそのことに、まず先に気づきなさい。あらゆる真実を知った人間をめざすのではなく、人一倍何も知らないことを自覚している人間でありなさい。

逆説的に聞こえるかもしれないけど、「自分は何も知らない」と気づけば気づくほど、自然と「神」という言葉が指すものの本当の意味がわかるようになってくる。自分が何者であるかに気づくことができるから。

多くの人間は、いまだ「なぜ神はこれほど多くの人間の命を奪い去るのか」と問いつづけているが、神はこれまで、一度たりとも命を奪ったことなどない。奪えるような命など、最初から存在していないし、神は創造していない。ないものをあると勘違いし、「ある」という前提で疑問をもつから、何千年追い求めてもその答えに出会えないんだ。

人間はありとあらゆるものを正しく認識できていない。「自分」という分離に基づく存在認識の土台そのものが間違っているから、その上に築き上げられたすべての概念がでたらめだ。

その中で形成された疑問の大半は、実は疑問として成立していない。「死」が存在していないところに「なぜ死があるのか」というむちゃな疑問と成り果てる。

だからこそ古代ギリシャでは、デルフォイの神託を求め神殿に集まる人々に対して、神殿に入る前、その入り口においてまず「汝《なんじ》自身を知れ」と促した。それを知らずに生まれた疑問は、すべて答えるに値しない、答えようがないと。

ラジカルな原理、本来の自分という存在を理解すれば、そのとたんに疑問そのものが消失する。

と、いったところで最初の質問に答えるとしよう。

「人はなぜ生まれ、なぜ死ぬのか」という疑問をもつ前に、「根源的な土台すら、何もわかっていない」という汝自身を知りなさい。


――と、まぁ、こんな感じの不思議なやり取り。

信じる信じないは別として、ご興味・ご関心をいただけましたなら、引き続きおつきあいのほど、よろしくお願いいたします。

雲 黒斎

「不安で不安でしょうがなかったけど、結果的には想定していたような悪い出来事は起こらなかった」というようなことは、よくある話。つまり、恐れに基づいた「リアルな想像」も、「思考は現実化する」というときの「思考」とは、イコールでは結べないわけだ。
よかった。安心して、不安でいられる。

いいね！・コメントする・@un_kokusai on Twitter・シェア

第2章

こんにちは、赤ちゃん

二〇一一年の暮れ、我が家に第二子がやってきました。こうして原稿をまとめているいまも、リビングからは我が子の元気な泣き声が聞こえてきます。

そう。常日ごろから全国各地で「人はね、生まれも死にもしないんですよ」なんてことを真顔でお話ししている僕も、何を隠そう二児の父だったりするのです。

するってーと当然のことながら、「おいおいおい、ちょっと待て。新たな命の誕生も消失もないのなら、その子の〝誕生〟はどういうことになるんだよ」なんて疑問がわいてきますよね。

僕も不思議だったんですよ。我が子に「命が宿る」ということがないのなら、何がどうなって、こうなったんだ？　と。

僕が頭を捻《ひね》っていると、雲さんは「誕生の仕組み」をこんなふうに説明してくれました。

人間は「誕生」の仕組みを根本的に誤解している。繰り返し話しているとおり、命はたった一つしか存在していない。増えたり減ったりするものじゃない。だから、「新しい命が生まれる」ということ自体がありえないんだ。だからね、「身ごもる」っていうのは、胎内に新しい命が宿ることじゃない。新しいカルマが宿るということなんだ。肉体も、個別意識も、個性や気質も、すべてはカルマによって形成される。

「?・?・?」

順を追って説明しよう。まずは「たった一つの命」を風船にたとえるところから始めてみよう。

イメージしてほしい。とても伸縮性に富んでいて、突いても伸ばしても、決して割れない風船があるとする。

「伸縮性にすぐれていて、決して割れない風船……。その言葉から思わずイメージしちゃったのはコンドームだけど、これじゃ子供はできそうにないな」

バカな冗談はほっといて先に進むぞ。

その風船が「存在のすべて」、唯一無二の「命」だとしよう。「神」や「愛」、「ソース」や「空《くう》」といってもいい。

そして、その風船の中に詰まっている空気を「意識」と呼んでみよう。コレがいわば、「分離」という幻想世界が生まれる以前の「神の意識」だ。まずは、風船を思い描くことはできたかな？

「ええ、何となくは」

じゃあ今度は、その風船（神の意識）に細工をして神以外の意識（人間の

1. 風船の一部をつまむ

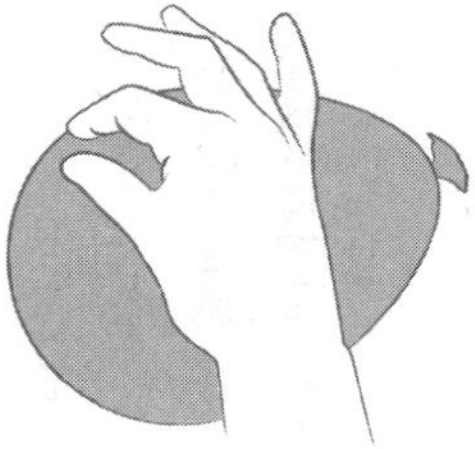

2. 風船の内側から圧力をかける

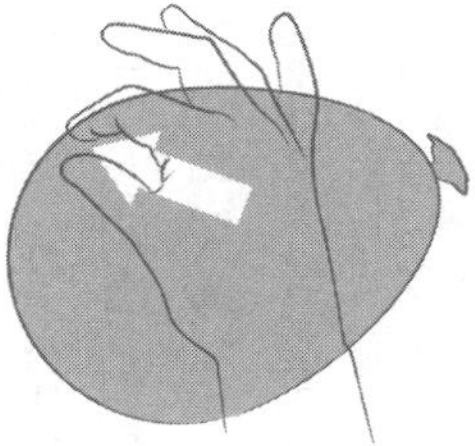

3. そこに、新しい膨らみができる

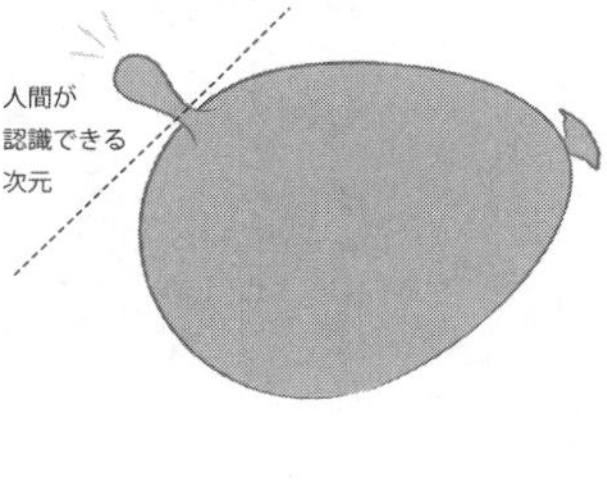

赤ちゃん）をつくってみよう。

風船の一部をつまんで、内側から外側に向けて圧力をかける。するとそこに、小さな膨らみが生まれるだろ。この小さな膨らみが「赤ちゃん」として現象界で認識できる次元に突き出る。それは、新たな命・意識が誕生したということではない。風船の形状に変化があったというだけのことだ。

で、その小さな膨らみの根元に「捻《ね》じれ」を加えてやると……元の意識との間が閉ざされる（A図）。ここにできた出っ張り、小さな膨らみの中に隔離されている空気（意識）が「私」という独立した感覚を生む。そしてほら、これを繰り返すことで、人口が増加する（B図）。

「なるほど！」

元は一つの同じ意識（空気）だが、「捻じれ」というエネルギー（私と私以外を分ける壁）が出現したことで、それぞれが独立して感じられるように

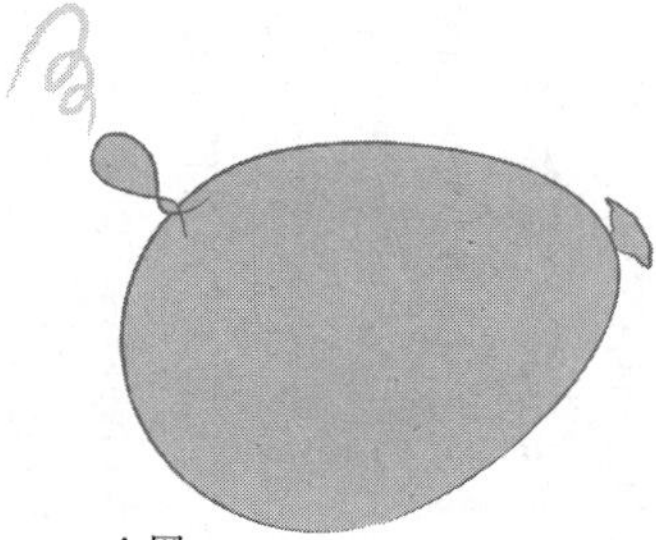

A 図

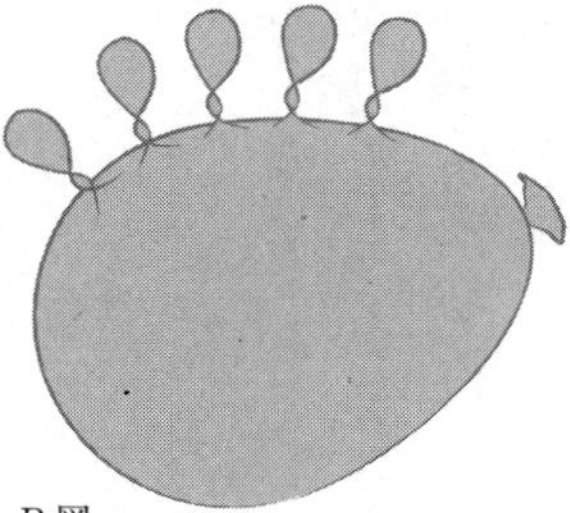

B 図

なる。

この小さな空間に隔離されている意識が、「自我」や「顕在意識」などと呼ばれるもの。また、この「分離」の感覚を生む「捻じれ」のことを「カルマ」と呼ぶ（カルマについては、これ以外にもさまざまな角度からの理解が必要だ。が、それはまた後で話すとしよう）。

だから、「自我という何か」が存在しているのではなく、「自我という状態」があるということ。また、「カルマという何か」が存在しているのではなく、「捻じれ《カルマ》という状態」がある、ということなんだ。

この関係から「カルマ（捻じれ）が解消されることで、自我（分離意識）は消失する」という、精神世界でおなじみの話になるんだな。

ほら、この捻じれがなくなると……ポンッ！（C図）

「おお！〝私〟の意識が〝神〟の意識と一つになった！」

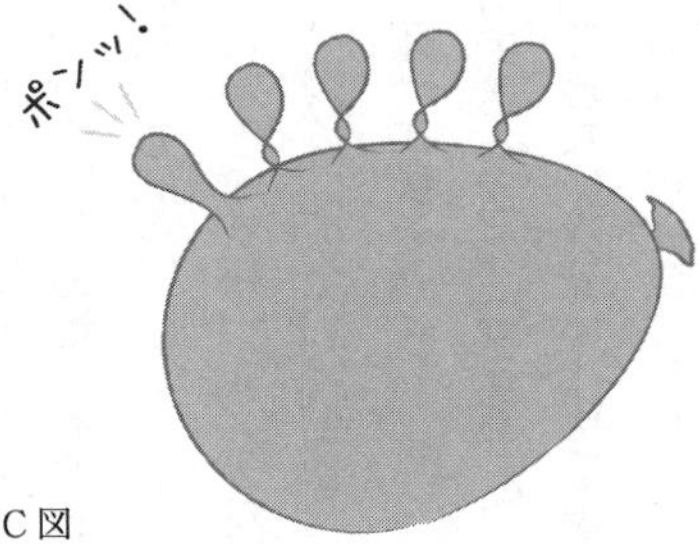

C図

この「ポンッ！」の瞬間が、いわゆる「さとり」や「見性」「目覚め」と呼ばれている現象だね。

また、この捻じれのない状態の継続も合わせて「さとり」といわれることもあるが、最初の「ポンッ！」との違いを明らかにするために「啓発」という別な単語で表されることもある。

さらに、この「捻じれがない状態」＝「分離感覚の消失」＝「全体としての意識」という自覚が、「ワンネス」という言葉で表現されているんだ。

さて、話を「誕生と死」に戻そう。

意識が「人間に認識できる次元（現象界）」へ突き出ることを「誕生」とするなら、逆に「認識できない次元」へ戻る現象が「死」だ。しかし、この図（D図）を見てのとおり、存在全体としては、増えてもいないし、減ってもいない。

そして、この「誕生」のとき、小さな膨らみが突き出る過程（意識の流動中）においては、「捻じれ」はまだ存在していない。

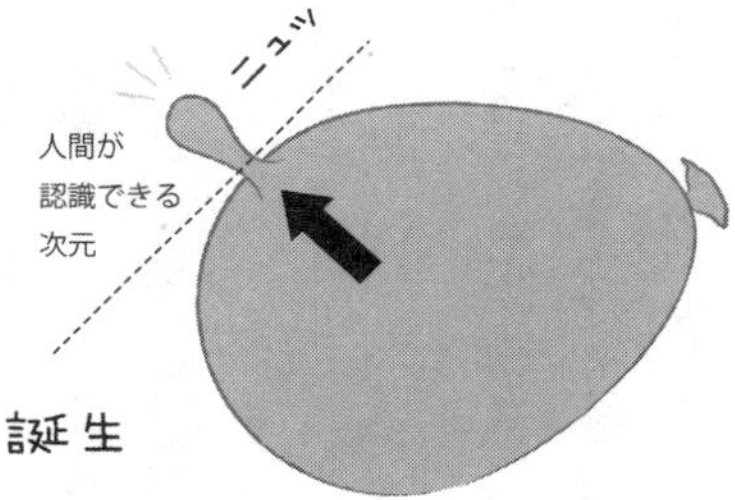

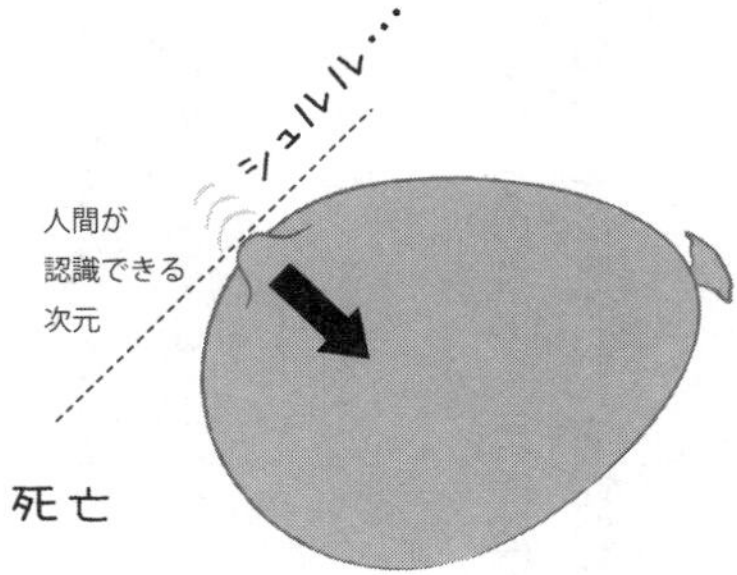

D図

これはつまり、現象界へ姿を現してはいるが意識は分離していない、という「ワンネス」の状態にあるということだ。人はみな、「さとり」の状態で現象界に現れる。

「捻じれ（自我の形成）」が始まるのはその後。生後の学習や経験を積み重ねることによって、徐々に分離感を強化していくんだ。

「つまり、僕たちの個性は、すべて後天的なものってこと？」

いや、そういうことではない。いま話しているのはあくまで「個別意識の形成」の仕組みであって、「個性の形成」のことではない。個性の形成には、また別な要素がある。

「別な要素って？」

「捻じれ」という運動とは別の、「データとしてのカルマ（命に刻まれた記憶）」だ。この風船の中には、生命活動のありとあらゆる記憶が内包されている。

誰かの「誕生」の際、この記憶データの一部が、意識とともに〝小さな膨らみ〟に流入されるんだ。そのデータが、生まれながらの性格や気質、才能、趣味嗜好《しこう》、また、性別や肉体の形状などといった特徴を決定づける。これが先天的なプログラムとしてありながら、後天的環境との組み合わせでさまざまな個性が形づくられるんだ。

また逆に、「誰か」が死を迎えると、その個別意識が抱えていた全記憶が大きな風船へ取り込まれ、他の記憶データと統合され、蓄積される。

誰かが肉体を失うたびにデータ（カルマ）が集まるのだから、ソースには莫大《ばくだい》な記憶（ありとあらゆる経験や知識、感情など）が集積されている。この生命活動の記録、全宇宙の記憶を総称して「アカシック・レコード」と呼ぶ人もいるね。

「アカシック・レコードって、そういうことだったんですね！
なるほど、ちょっとわかってきたぞ。僕たちが生まれるときに持ってきた、その〝データの一部〟が、いわゆる〝前世の記憶〟と言われるものですね？」

うん。そうとも言える。しかしこの場合、「誰かの記憶」をそのままの形で継承することはない。

いいかい、意識がソースに戻ったということは、風船の捻じれがなくなって「個人」という独立した状態は消失した、ということだ。「個人」がないのだから、当然「個人の所有」というものもない。

記憶に形はないからね。境界がなくなってしまえば、データは次から次に上書きされ、たくさんの人の記憶が渾然《こんぜん》一体となってしまう。

ぐちゃぐちゃにミックスされた記憶がソース内に浮遊していると思えばいいよ。

「誕生」という運動が起こるときは、内側から外側へ向けての流れができる。

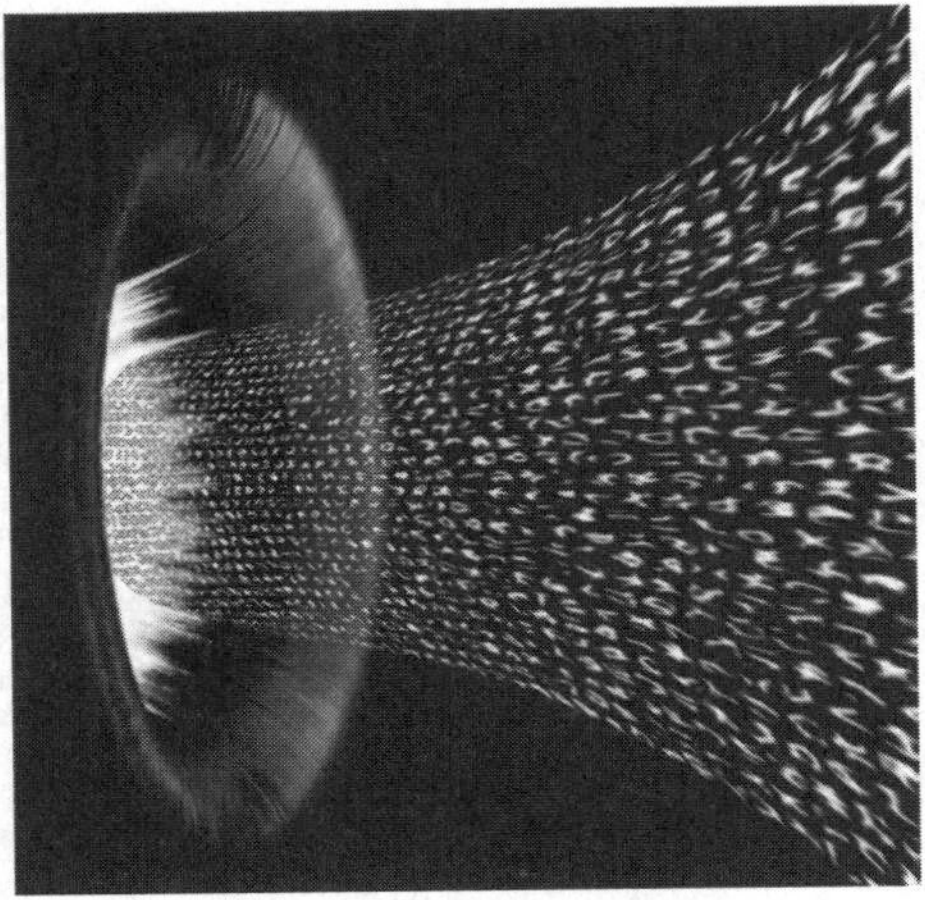

その流動上に浮遊していた思考エネルギーや感情エネルギーなどが、流れに巻き込まれる形で新しい膨らみへと入っていくんだ。

だから、一人が「たくさんの前世の記憶」をもっていても当然だし、同じ前世の記憶をもつ者が複数人いても不思議じゃない。

「なるほどねー。ところで雲さん、懐妊の最中にね、〝つわり〟ってのがあるじゃないですか。あれってどうして起こるんですか？　実はいま、妻もつわりで相当やられ気味で……」

ああ、そのようだね。

「でね、彼女に聞かれたんです。つわりは、どうして人によって重かったり軽かったりするのかって。教えてもらえますか？」

つわりはね、いってみれば免疫反応みたいなものなんだよ。

「免疫反応？　何ですか、それ」

辞書を引いてごらんよ。何て書いてある？

「えーっと……。

めんえきはんのう【免疫反応】

生体が外来性あるいは内因性の物質に対して自己か非自己かを識別し、非自己に対して自己体内の統一性と個体の生存維持および種の存続のために起こす一連の生体反応。免疫系が異物（抗原）に対して起こす作用のこと。

とありますが……。ってことはつまり、妊婦さんは胎児を『異物』『非自己』と識別して、拒絶反応を起こしてるってことですか？」

いやいや、胎児に拒絶反応を起こしているわけじゃない。「カルマに拒絶反応を起こしている」って言うほうがより正しいかな。

さっき話したとおり、懐妊というのは「新しい命」が宿るのではなく、「新しいカルマ」が宿るということ。それが母体内で行われるんだ。自分の慣れ親しんだカルマと違いのあるエネルギーが入ってくるってことだからね。

タバコを吸い慣れていない人が喫煙したときに「オエッ」ってなるだろ？あの現象と同じように、母胎の中に不慣れなカルマが入ることで「オエッ」ってなるんだ。

「な、なるほどー。……あれ？　でもね雲さん、それだと、ちょっと納得がいかないところがあるな。

いまの話が本当なのだとしたら、どうして長女のときより、今回の症状のほうが重いの？

タバコと同じようなことだっていうなら、むしろ回を重ねるごとに慣れて、つわりも軽くなりそうな気がしますが……。

それに、人によっても反応はまちまちだし。仕組みは同じはずなのに、どうして差が生まれるの？」

つわりの強弱には、いくつかの要因があるんだ。まず一つは、エネルギーの動きに対する感度の違い。「つわり」ということにこだわらず、たとえば「気」や「レイキ」などといった目に見えないエネルギーに対しての感度には、人それぞれ違いがある。敏感な人もいれば、鈍感な人もいるよね。それと同じように、カルマの動きに対して敏感な人もいれば、鈍感な人もいる。そのエネルギーの動きを敏感にとらえる人はつわりが重くなるだろう。鈍感なら軽くなるだろう。

「へー」

もう一つは、入ってくるカルマとの相性だな。

「え？　カルマに相性ってあるんですか？」

母がもっているカルマと、子に宿るカルマの相違が大きいほど、つわりは重くなる。逆に、母と似たカルマが入るなら、つわりは軽くなりやすい。

「そういうもんなんですか」

人間はみな、例外なくカルマを背負っている。自分がもともともっているカルマは、いわば慣れ親しんだ状態だ。だからこそ、それに似たエネルギーに抵抗は生まれない。が、その違いが多くなるほど、親しみの薄いエネルギーだということになる。それに対しての抵抗が、つわりという反応になるんだよ。

「ということはつまり、長女がもってきたカルマは奥さんのものに近いけど、今度の子はだいぶ違うカルマを背負ってきていると、そういうこと？」

そういうこと。性格的なことだけではなく、性別や血液型の違いなど、肉体構成における相違の影響を受ける場合もある。

「なるほどねぇ～。何かしてあげられたらと思ったけど、残念ながら僕には何もできなさそうだね」

いや、そんなことはないさ。

「え？　何かできることがある？」

いわゆる「ヒーリング」で、少なからず不要なカルマの流入を和らげることは可能だよ。

「不要なカルマ？」

うん。カルマには「静電気」と似たような性質があってね、帯電した物体がホコリやチリなどを吸い寄せるのと同じように、カルマ自体がもつ電荷によって、近くにある別なカルマを引き寄せてしまうんだ。

静電気ってさ、セーターの袖《そで》の間で下敷きをゴシゴシしたりして起こすだろ？　つまりは「摩擦」によって生じるわけだ。

これ同様、カルマも意識の摩擦によって生まれる。意識体に帯電された電荷がある程度まで大きくなると、そこに吸引や反発などのエネルギーが顕著に現れ出す。

そこに、周囲にある別なカルマを引き寄せるというエネルギーの動きが生まれてしまうんだ。

ヒーリングはね、意識体に存在する摩擦や、帯電された電荷を解放してあげることなんだ。帯電がなければ、そこに不要なカルマが引き寄せられることはなくなる。

心のざわつきやイライラは、精神レベルでの摩擦だ。その状態が継続されればよけいなカルマを引き寄せる力が強まり状態を悪化させてしまう。とにもかくにも、彼女がリラックスして生活できるようフォローしてあげることが何よりだろう。

「そうですよね……」

さて、「個別意識の形成」の話に戻ろう。実はね、赤ちゃんはお母さんのおなかから離れた瞬間から、とてもショッキングな出来事に遭遇するんだ。

「ショッキングな出来事!? 何ですか、それ」

さっき、「赤ちゃんは、さとって生まれてくる（捻じれがない）」って話しただろう？

「ええ」

その子は、お父さんやお母さんから見たら紛れもない我が子だよ。でもね、意識の次元でとらえてみると、まったく違うことになるんだ。

この段階では赤ちゃんの意識は分離していないから、それはつまり、「まだ、誰でもない」ってことなんだ。


「誰でもない？」


物理的には独立して見えていても、意識のレベルではソースと一体だからね。赤ちゃん側には、「私」という感覚、また、「やり取り」という概念がないんだ。ソース内には「誰か」や「何か」を明確に分ける境界が存在しない。ひとつながりの状態で存在し、「相対するもの」が何一つないから「コミュニケーション（相手が存在するやり取り）」というものがわからない。

だからね、赤ちゃんは「外部的なやり取り（コミュニケーション）」ではなく、「内側の交流（コミュニオン）」で思いを伝えようとするんだ。

が、このとき。親のほうはすっかり「自我（捻じれ）」が形成されて、ソースとの意識のつながりが分断されてしまっているだろ？「赤ちゃんではない私」が確固たる意識状態としてでき上がってしまっている。だから、赤ちゃんとの「意識の共有」ができない状態なんだ。

赤ちゃんはソースの次元から思いを伝えようとし、お母さんは、自我が認識できる次元から読み解こうとする。この交流を図る次元のギャップによる「意思疎通の断絶」に、赤ちゃんはビックリしてしまうんだ。いくら内側からアプローチをかけても反応がない。そこで赤ちゃんは、初めて「思いどおりにならない！」という状態を経験する（E図）。

そこから徐々に「そうか、僕とは別なものが存在しているんだ。だから思いどおりにならないんだ」というようなことを学習していく。

また、それと同時に、「ぐずったらミルクをもらえるぞ」だとか、「泣いたらオムツを替えてもらえるぞ」などといった「外部的なやり取り（コミュニケーション）」を学び、そこに「思考」が働き出す。

そこからまた「もし思いどおりにならない状況が続いたらどうしよう」と

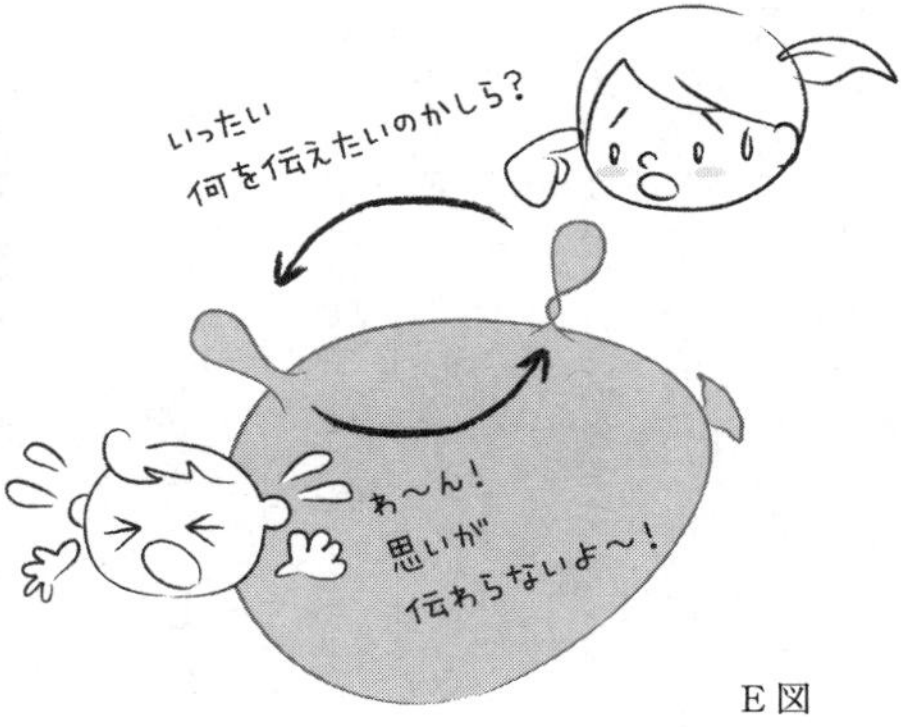

E図

いったような恐れが生じ……。

そういったことを繰り返すなかで、徐々に「自己防衛」という考えが定着するようになる。

「〝私〟を守らなければ」というその感覚は、しだいに心の中に「防護壁」を形成していく。

その「心の壁」こそが、「捻じれ」の正体。

「自我」はこうして誕生する。

「な、なるほど……。それはたしかにショッキングな出来事だね。そう聞くと、僕も一人の親としては自分の子供の自我は肥大化させたくないし、心の壁をつくりたくはない。心でつながっていたいと思うんだけど、それはやっぱり、僕の側の捻じれがなくなってなきゃいけないよね」

いや、そういうことでもない。

「え？　何かいい方法があるんですか？」

いい方法とか、そういうことでもない。

「んん？　どういうことです？」

子供の自我形成の抑制なんて、そんなことをする必要はないんだ。

「え？　え？　え？」

人はみな、自我を形成するために現象界に現れる。なのに、それを妨害しようなんてことは、おかしな話じゃないか。

「ちょ、ちょっと待って！
それ、どういうことですか？　自我を形成するためにこの世に来たってことは、わざわざ心を閉ざしに来たってことですよね？　苦しみに来たってことになっちゃいますよね？」

そうだよ。何か問題でも？

「大問題でしょうが！」

いや、おまえが真実に気づけたら、「苦しみがある（思いどおりにならない）」というそのことに、この世が存在する素晴らしさを知ることになるだろう。

――と、いうことで。

この先のお話は、次章にてあらためていたしましょう。

雲 黒斎

身体が命を失うのではありません。
命が身体を失うのです。
だからこそ、命である僕たちは、死ぬことができないのです。

いいね！・コメントする・@un_kokusai on Twitter・シェア

第3章

人生は「苦」なり

かつてお釈迦《しやか》様は、「人生は苦である」と説きました。そしてこの教えこそが仏教における根本教義。偉大なる「真理（いつどんなときにも、また、誰にとっても、変わることのない絶対的な真実）」として伝えられているわけです。


とはいえ人間は、なかなかこの言葉の真意を受け入れられないんだよなぁ。

「いやいや、そんなことないでしょ。もちろん苦しみもあるけど、それだけじゃないよね。人生には楽しいことだっていろいろあるもん」って。

「そりゃそうですよ。『人生は苦である』なんて言い切られたくないし、そんなことより、楽しく幸せに生きる術《すべ》を教えてほしいですからね」

いや、だからこそ、「人生は苦である」ということを知り、受け入れなさいということなんだ。

「？？？　どういうことですか？」

いまおまえが思っているような意味じゃないってことだよ。

この言葉における「苦」の意味は、苦しみは苦しみでも「思いどおりにならない」というニュアンスとしての「苦しみ」なんだ。

この世は、神があえて「思いどおりにならないようにつくった場」だからね。

「わざわざ思いどおりにならないようにつくった？　どうして神様が、そんな意地悪なことをしたんです？」

「意地悪」なんかじゃないさ、これは「娯楽」だよ。この世は「神の、神による、神のための遊技場」だ。

「ちょっと待ってよ。僕たちに思いどおりにならない人生を歩ませておいて、それを眺めるのが娯楽だなんて、それじゃあやっぱり意地悪じゃないですか」

どうして話をちゃんと聞いてくれないんだ。

私は「神の、神による、神のための」と言っているじゃないか。

さっき話した「命」「ワンネス」の話を思い出すんだ。そして、その理解をいまの話と結び合わせてごらん。神と人間は別な存在ではない、同一の存在だ。

だからこそ、この世は「神が人間を育成する場」ではない。「神が人間として遊ぶ場」だ。

この違いがわかるかい？

「わかったような、わからないような……」

おまえが神から命を与えられ生かされているのではなく、おまえ自身が全宇宙を創造した神、その張本人だという話をしてるんだよ。

「ええええ!?」

やっぱりわかってないようだね。

では、「思いどおりにならない」ということが、なぜ意地悪ではなく娯楽として成立するのかということを、かみ砕いて説明するとしよう。

キリスト教の教えの中に「三《さん》位《み》一体《いったい》」という言葉があるのは知っているね。

「えーと……正直なところ、言葉の存在は知っていますが、意味はよくわかっていません」

さまざまな解釈で使われているからね、教派によって話の仕方が変わることも珍しくない。

とりあえず一般的な解説をするなら、三位一体とは、「父と子と聖霊が、一体同一（唯一の神）である」という教えだ。多くは「父」に「創造主（神）」、「子」に「イエス・キリスト」を当てはめて用いられる。

つまり、イエスが神や聖霊と同一の存在であるという教えだ。

しかし本当は、イエスだけに限った話ではない。イエスがそうであるように、人間誰しもが例外なく、神や聖霊と同一の存在なんだ。

「父（神）」も「子（人間）」も「聖霊（霊）」も、同一の存在。これが今回の話の大前提、「三位一体」の教えだ。ここまではいいね？

「はい、続きをお願いします……」

その教えがある一方で、旧約聖書『創世記』の冒頭には、このような言葉が出てくる。

一日目　暗闇《くらやみ》がある中、神は光をつくり、昼と夜ができた。
二日目　神は空《そら》（天）をつくった。
三日目　神は大地をつくり、海が生まれ、大地に植物をはえさせた。
四日目　神は太陽と月と星をつくった。
五日目　神は魚と鳥をつくった。
六日目　神は獣と家畜をつくり、神に似せた人をつくった。
七日目　神は休んだ。

つまり、この世界も人間も、神の創造物であるということだ。

「七日目の神様のことが気になってしょうがありませんが、それはとりあえず置いといて。

やっぱりそこ、『神と創造物』という関係でわからなくなるんです。世界や僕たち人間が〝神によってつくられたもの〟なら、やっぱりそれは〝神自身とは別のもの〟ってことになっちゃいませんか？」


実はね、とてもシンプルなことなんだ。

そろそろ種明かしをしよう。神は、このとき「ゲーム」を開発したんだよ。

それを古代インドでは「マーヤー」と呼んだ。この世は神が創造した幻想、バーチャル・リアリティの世界であるという意味だ。そして神は、自らつくったその幻想世界へ降り、遊ぶ。それを「リーラ」と呼んだ。

さて、これをもっとわかりやすくするため、まずは「父なる神」に名前をつけてみよう。

「？・？・？」

孤高にして究極のゲーム・クリエイター。その名も『忍 天道』。

「忍 天道……。あっ、NINTENDO！（笑）」

「父」がそうであるならば、その「子」が誰になるかは、もうわかるね？

「マリオですね」

そのとおり、ご名答。

月曜日　モニターに暗闇がある中、クリエイターは光をつくり、ビットマップができた。

火曜日　クリエイターはシナリオをつくった。
水曜日　クリエイターは大地をつくり、海が生まれ、土管にパックンフラワーをはえさせた。
木曜日　クリエイターはブロックとキノコとスターをつくった。
金曜日　クリエイターはプクプクとパタパタをつくった。
土曜日　クリエイターはクリボーとヨッシーをつくり、自身に似せたマリオをつくった。
日曜日　クリエイターは寝込んだ。

「やはり過労か！（笑）頑張って一週間でやろうとするから（笑）。
でも、うん。幻想世界を創造した本人が、自らその世界に降りて遊ぶ。なるほど、『父と子』の関係も、そういう意味での『同一』だったんだね」

これで先ほどの「この世は、神があえて思いどおりにならないようにつくった場」という言葉の意味がわかってくるだろう。

将棋や囲碁などの古典的ゲームから、各種スポーツ、ビデオゲームに至るまで、ありとあらゆるゲームには必ず決められたルール（フィールドの有限性・行動の不自由性・先行きの不透明性・制限・規定など）がある。その中で幾多の障害を乗り越え、そこで得られる達成感や解放感などを味わうというのがゲームの醍醐味《だいごみ》だ。「思いどおりにならない」のは、ゲームがゲームであるがゆえ。その前提は「罰」でも「更正」でも「意地悪」でもない。そうだろ？

「そうですね……」

考えてもみろ。ロールプレイングゲームをスタートしたものの……。

◎どれだけ森を歩いても、見るからに怪しげなダンジョンに入っても、スライム一匹出てこない。
◎最初から武器や防具などの装備類が最強で、HP／MP／力／素早さ／経験値／ゴールド／攻撃力／守備力など、すべてのパラメーターがMAXで、新たに覚える技や呪文《じゅもん》も一切なく、レベル変動もない。
◎冒険の旅へ出ようと最初に王様の元を訪れたが、すでに何者かがドラゴンを退治してしまったことを聞かされ一件落着。旅へ出る必要がなくなってそのままエンディングを迎えてしまった。
◎プレイする前から先の展開がすべてわかっていて、情報収集する必要がない。そもそも解くべき謎《なぞ》が一切ない。
◎主人公から脇役《わきやく》、敵に至るまで、登場キャラクターすべてが同じ容姿、同じ役割、同じ能力。

そんなゲームだったらどう思うかね？

「ちっともおもしろくない（笑）」

そうだろう。

しかし、人生におけるあらゆる苦しみは、ゲームであれば「娯楽」のために必要だった要素、「自分の思いどおりにならない」という不満から生まれている。

ちなみに釈迦はその苦しみをこのように分類した。

①生まれること
②老いること
③病むこと
④死ぬこと
⑤愛する人との別れ（愛別離苦《あいべつりく》）
⑥嫌いな人とも顔を合わせねばならないこと（怨憎会苦《おんぞうえく》）

⑦ 求めても思いどおりに得られないこと（求不得苦《ぐふとっく》）
⑧ 人としての肉体・精神があるがゆえに生まれる苦しみ（五蘊盛苦《ごうんじょうく》）

最初に挙げられた、どうにも避けられない四つを「四苦《しく》」、残りの四つを合わせて「八苦《はっく》」。

すべて「人生は思いどおりにならぬ」ということに基づいた苦しみの種だ。

そこで釈迦は続けてこう説いたんだ。「幻想を抜け、リアリティを知り、そこへ戻りなさい」と。

彼は「人生は素晴らしいものだから、何度でも生まれ変わって楽しみましょう」などとは一切残してはいない。逆に、「人生（ゲーム）は苦（ストレス）以外の何ものでもないのだから、それを見抜き、すべての執着を捨てて解脱《げだつ》（卒業）せよ」と言ったんだ。

「なるほどー。

しかしあれですね。お釈迦様の教えって、やっぱりどこかストイックで、何とも言いがたい虚《むな》しさが残りますね」

それはたぶん、おまえの解釈の問題だろう。いまの話を「人生はろくなものじゃないから、さっさとあきらめろ」とか、そういうニュアンスでとらえたんだろ？

「違うんですか？」

違うよ。
そんな態度で人生を送ったら、いつまでたっても解脱などできやしない。

「じゃあ、どういうニュアンスでとらえればいいんです？」

「余すことなく人生を楽しみ、味わい尽くしなさい」といったところかな。

「んんん？　それじゃあ話が違うじゃないですか。いまこう言ってたじゃないですか、『釈迦は人生は素晴らしいものだから、何度でも生まれ変わって楽しみましょう、なんて言っていない』『人生がストレスであることを見抜け』って。それなのに今度は楽しみ、味わい尽くしなさいって……」

どうしてそうひねくれた解釈をするのかなぁ。もっと素直に受け取らなくちゃ。

いいかい？「ゲームをゲームとして認識できていない」ということ、それがこの話の要点なんだ。

「人生がゲームだと見抜けていない」というのはつまり、「ゲームの世界が現実で、自分がマリオだと思い込んじゃっている」という状態だ。

ゲームがどうして楽しめるかといえば、そこに「ゆとり」があるからだ。

モニターの中に見えるキャラクターが自分ではないという自覚があるからだ。

想像してごらん。おまえが「スーパーマリオ」で遊んでいるとして、そのときおまえがマリオに感情移入しきって、「自分はマリオそのもの」と思い込んでいたら……モニターの中で展開するゲームの世界を「これこそが現実だ」と思い込んでいたら……その状態で冷静にプレイできるかい？　ちゃんと楽しむことができるかい？

「……、いや。たぶん怖くて、Bダッシュもできないね（笑）」

だろう？

だからこそ、「人生は幻想である」ということを受け入れる必要が出てくるんだ。自分がゲームキャラクターではないという自覚が必要なんだ。しかし、人間にはその自覚がほとんどない。

もし、自分のことをキャラクターだと信じ込んだまま、ゲームオーバーを迎えたら、つまり、現象界において肉体を失ったら、どうなると思う？

「人間が肉体を失ったら……。霊になる？」

そう、それが「三位一体」の中で残されていた「聖霊」。クリエイター（父）でも、キャラクター（子）でもない、「プレイヤー」としての意識状態だ。

ゲームの世界からキャラクターが消えて、そこでようやく我に返る。「あれ？　俺、死んでないぞ？　……、あっ、そうだった！　ゲームしてたんだ！」って。

そしてそれまでのプレイ内容（人生）を振り返り、壮絶な後悔に見舞われるんだ。「あぁ、畜生！　最初からゲームだとわかってたら、あのときああしてたのに、こうしてたのに！」って。

「マジッすか!?　いや、でも、なんだかわかる気がするな、その気持ち」

ゲームをしていたという自覚を失っていたからこそ生じる後悔、未練。それが次なる人生（輪廻転生《りんねてんしょう》）の原動力となる。

「未練が、生まれ変わりの原動力に？」

そうだな、死後、ビデオゲームでゲームオーバーを迎えたときと同じ状態に遭遇すると思えばいい。

何度も見たことがあるだろ？『CONTINUE?（続ける？）』という問いかけと、10・9・8・7……と、選択のタイムリミットを告げるカウントダウンの画面を。

このカウントダウンの期間が「中陰《ちゅういん》」、いわゆる「四十九日《しじゅうくにち》」（＊注・昨今の日本においては、故人に対する追慕期間・法要としてのイメージが強いですが、元は古代インド文明を発祥とする輪廻思想。人は没後四十九日目に、次にどの世界に生まれ変わるかが決まると伝えられるもの）ってやつだ。

「と、いうことはですよ……。そのときに〝イエス〟を選択すれば新たな人生（転生）が始まって、〝ノー〟を選択するか、もしくは〝時間切れ〟の場合には、本当の意味でのゲーム終了。つまり、輪廻を終えて解脱に至ると、そういうことですね？」

そう。たしかにそういう感じではあるんだがね、これまでの人間の意識レベルにおいては、その状況で「ノー」を選択することは本当にまれなことだったんだ。たいていは転生を選択してしまう。

「次こそはうまいことやってやるぜ！　みたいな感じ？」

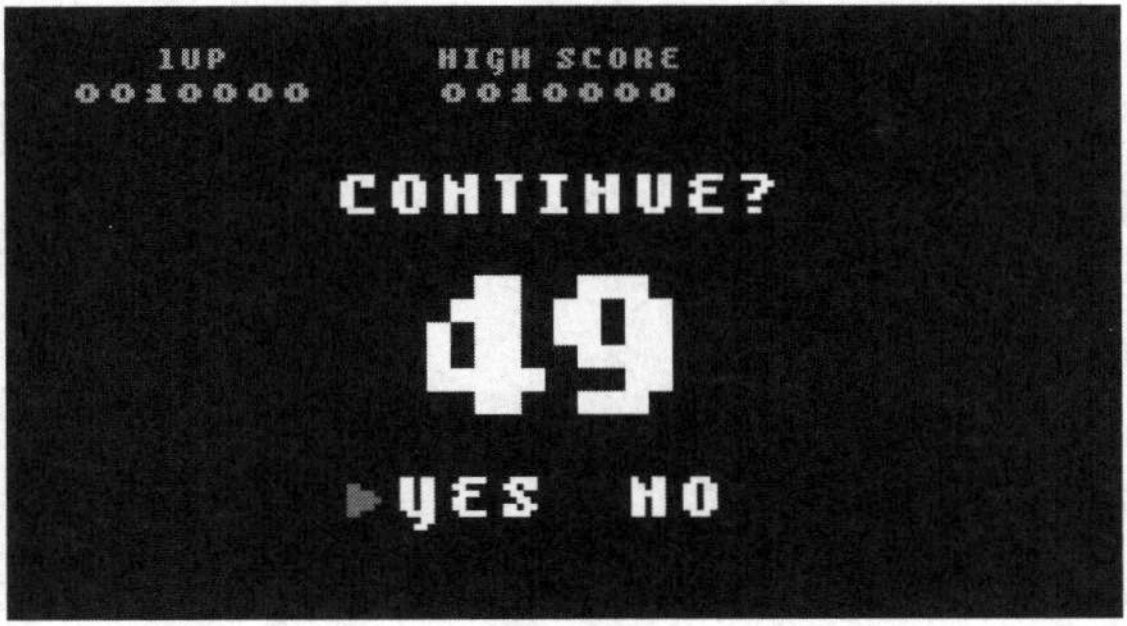
1UP
0010000
HIGH SCORE
0010000
CONTINUE?
49
▶YES NO

まぁ、そんな感じ。ただ、「うまいことプレイしてやろう」というよりも「今度こそはプレイヤーとしての自覚を維持しつづけよう」という意気込みのほうが強いだろうな。

その時点ではプレイヤーとしての自覚があるからね。ゲームをゲームとして自覚できていれば、もっと楽しめるはずだ、ということがわかっているから。

でも、いざゲームが開始されちゃうと、この強烈なリアリティとおもしろさに飲み込まれて、まんまとプレイヤーの自覚を見失っちゃうんだな、これが。

ほら、何せ神の創造したゲームだからね。クオリティがハンパない。3Dメガネをつけなくたって、このリアリティだからね（笑）。

そんなこんなで、延々とコンティニュー（輪廻転生）が続いてしまう。このスパイラルから抜けて「ノー」を選択するためには、とことんゲームを満喫し尽くして、「あー！　楽しかった！」と、未練なくゲームを終える必要があるわけだ。
人生の本質をきちんと見極めること。そしてまた、それを十分に味わい尽くすこと。それが「人生は苦である」ということを受け入れることから始まるということが、これで理解できただろうか？

「はい。だいぶわかってきました。いや〜、おもしろい！」

ふむ、それはよかった。このゲームのたとえは、なかなか使い勝手がよさそうだな。せっかくだから、もう少しこのノリで話題を広げてみようか。

「ぜひぜひ！」

雲 黒斎

輪廻転生はある。 しかし厳密には「私の過去世」「私の来世」といえるようなものはない。

いいね！・コメントする・@un_kokusai on Twitter・シェア

第4章

オープン・ユア・ハート

それじゃあ次は、このゲームの開発秘話でもしてみようか。なぜ神がこの世界をつくり出したのか。なぜ統合された意識から「分離」という幻想がつくり出されたのか。

「それは、ビッグバンのことですか？」

存在の本質は時間の中にはないから、厳密には「宇宙の始まり」といえるようなものはない。
だからこそ、これもあくまで方便でしかないんだけど。

「いや、それでかまわないですよ。聞かせてください」

繰り返し話しているとおり、存在のすべては本来、分け隔てのない同じ意識だ。その意識以外に存在するものは何一つない。宇宙の誕生、いわゆるビッグバン以前は、それが、ただそれとして存在しているだけだった。神しかなかった。

「……神様が、ひとりぼっちだった？」

あぁ、たしかにそういう表現の仕方もあるだろうな。でも、この場合の「ひとりぼっち」は、おまえの考えているものとは、意味がまるで違う。おまえの知る「ひとりぼっち」は、「その他大勢がある中での孤立した状態」を指しているが、いま私が話している状態はそれとは違う。そのもの以外が存在していない。ゆえに「孤立」という概念が当てはまらないんだ。

「なるほど」

ではなぜ存在の根源（全体意識）は、さまざまな存在次元や自我（分離意識）をつくり出す必要があったのか。

実際にはそこに「目的」は存在しないのだが、あえてそれを言葉にするなら、その表現の一つとして「意識が意識であることを、より深く意識することを望んだ」ということができるだろう。

「ん？　何ですかそれは？」

何なら、「神が神であることをより深く自覚するために」や「愛が愛であることをより深く理解するために」など、他の言葉に置き換えてもかまわない。

要はね、こういうことなんだ。

もしおまえが、物心ついたときから一度も体調を崩すことがなく、また、おまえ以外の人々もすべて健康だったとしたら、おまえは「自分が健康である」ということを実感することができるかい？

「う〜ん、どうだろう……。それは当たり前の感覚としてそこにあるだろうけど、そのことを客観的に意識できているかどうかは、わかりませんね」

だろう？　そういうことなんだ。

健康を明確に自覚するには「健康ではない」という、比較対象となる別な状態が必要となるんだ。

自分が幸せであることをより深く自覚するためには、「幸せではない」という比較対象が必要になり、愛が何であるかを深く知るためには、「愛ではない何か」が必要になる。

「なるほど」

それと同様に、神が神であることを実感するためには「神ではない何か」が必要だった。だが、それが神にはできなかったんだ。神は「存在のすべて」。だからこそ「それ以外」という比較対象の存在はありえない。

そこで神は、「神ではないもの」の代わりとして、「本当は神なんだけど、神ではないものということにしておこう」というイメージを形成することにした。それが「マーヤー」だ。そのバーチャル・リアリティの成立によって、神は自己認識を可能にしたんだ。

そしてもう一つ、「マーヤー」が成立することによって、それまで神が「やりたくてもやれなかったこと」が実現可能となった。

「え？　神様にできないことなんてあったの？」

うん。それは「自由」や「選択」といったもの。

神の次元にあるのは「全存在のバランスを完璧《かんぺき》・完全・最善・最良に保つ」という性質・法則性だ。

完璧、完全、最善、最良、それしかない。だからそこには「選択」の余地がないんだ。
そこで神は無限の創造性を駆使して「有限の世界」をつくり上げた。選択を可能にするため無数の「選択肢」を生んだ。無限の選択肢をより効率的に経験し尽くすため、森羅万象をつくり、さらにそれらを無数に分けた。

一日目　神は完全性の中に幻想をつくり、陽と陰をつくった。
二日目　主体の経験を可能にするためのステージ（外界）をつくった。
三日目・四日目　万象を切り分け、それぞれに名前や定義を与え区別した。
五日目　存在を生物と無生物に分け、生物も「あれ」「これ」「それ」と分離した。
六日目　自らに似せて「自我（私）」をつくった。

そんな感じで神は人生シミュレーションゲーム「マーヤー」を開発し、六日目にその試作品が完成した。が、そのデバッグ（プログラムを検査し、その誤りを訂正すること）作業中に一つの課題が明らかになった。

「プログラミング・ミスがあった？」

いや、ゲームのつくりは完璧だった。

「じゃあ何？」

〝ネタバレ〟だ。

「は？」

このゲーム、開発したのが神ならば、それで遊ぶのも神自身。

つまり、スタートボタンを押す前から、ゲームのシナリオから各種イベント、攻略法やエンディングに至るまで、ぜ～んぶバレちゃってるってことさ。ゲームをつくったのはいいけれど、その状況のままではあまり楽しめないということがわかった。

「なんという盲点！（笑）」

そこで神はその問題を解決するため、七日目に驚くべきプログラムを書き加えた。

「な、何をしたんです？」

ゲームの第一面に「記憶喪失ステージ」を追加したんだ。

自分で開発したゲームを存分に楽しむため、このゲームにプログラミングしたシナリオやさまざまな仕掛け、自分の正体に至るまで、ありとあらゆる情報を隠蔽《いんぺい》するステージを用意したんだ。

そのプロセスは数え切れないほどの転生を繰り返しながら、じっくりと確実に重ねられてきた。

私はクリエイター（神）ではない、キャラクター（人間）である
私は無限ではない、有限である
私はすべてではない、一部である
私は完全ではない、欠陥である
私は叡智《えいち》ではない、無知である
私は充足ではない、不足である
私は満足ではない、不満である
私は万能ではない、無能である
私は清浄ではない、不浄である

私は至福ではない、不幸である
私は慈愛ではない、恐れである
私は……

そういった「神らしからぬ自分像」という自己暗示を入念に繰り返していった結果、おまえは無事このゲームの創造主であることを忘れ、「キャラクター」としての自意識（自我・顕在意識）を獲得した。

そして、その暗示をより強固なものとするため、さらにたくさんの固定観念や思い込みを重ねては真実を覆い隠し、自らがもつ神としての記憶と無限の創造性を封印していく。

この自己催眠強化プログラムによってどれだけ上手に自分が神であることを忘れることができているか（キャラクターと自己同一化できているか）が、このステージの目的。神であることを忘れれば忘れるほどにハイスコア達成だ。

七日目　意識は「全体（神）」としての活動を休ませ、「分離（自我）」状態へと移行された

「なるほどー、ここにきてようやく七日目に神が休んだ意味が納得いくものに！

そうか、過労じゃなかったか（笑）」

神が本来もっている、完全なる叡智と無限の創造性（潜在意識・潜在能力）が封じられた状態で、いかにして数々の苦難を乗り越えていくことができるか。さまざまな障害が存在する中で、いかにして願望を成就していくことができるか。

神が神であるがゆえに経験できなかった、そのエキサイティングな挑戦（ストレスの経験）こそが、このステージで求められているおもしろさであり、醍醐味《だいごみ》だ。

人間（顕在意識）は何かと「思いどおりの現実」を引き寄せようと躍起になりがちだが、「すべてを思いのままにすることができる」ということや「不可能、不都合、不満、不足といったものがまるで存在しない」という状況を、潜在意識は求めていない。

それらは、神の意識領域においては当たり前のことで、実はもう、おまえ（神）はその状態に飽き飽きしていたんだ。

だからおまえは、自分が当たり前に実現できることを叶《かな》えても、おもしろいとも、ありがたいとも思えない。逆に、なかなか叶いそうもないことが実現することの中に喜びを感じる。「そんなこと不可能だ！」という難題を乗り越えていく人を称賛し、その努力や成果に感動する。

そうだろ？

「悔しいけど、そのとおりですね……」

もしおまえの中に「この世界が幻想であるはずがない！」だとか、「こんなに情けない僕が神だなんて、そんな話、信じられるはずがない！」という感覚があるのなら、それはまさにクリエイターの思惑どおり。

愛を見失い、目の前に広がる世界に恐れおののき、さまざまな苦難を前にして、思いどおりの人生を歩めていないのであれば、この「忘却のステージ」においてのゲームが順調に進行していることを意味している。

順調に進んでいるからこそ、このステージをプレイ中の人間は、自分が神であることを、なかなか認めたがらない。苦しみに悶《もだ》え、どんなに救いを求めているように見えても、本当の意味で救われようとは思っていないってことも、よくあるんだ。

苦しみや悲しみを背負い、救いを求める人に対して「どんなことがあろうと、あなたはいまここで、幸せになっていいんですよ」とアドバイスしたとしても、

「でも……」とか、

「そんなこと言ったって……」とか、
「だって……」とか、
「あなたは私の苦悩の背景を理解していない！」とか、
救いを求めていたはずの相手が、一生懸命「私が不幸でありつづけるための理由」をプレゼンテーションしつづける姿を目にしたことが、少なからずあるだろう？

自分が全宇宙の創造主、また、ゲームのプレイヤーであることすら忘れようとしている最中なのだから、受け入れたくなくて当然なんだ。

全体意識を閉ざし、分離を経験することで可能になる自己認識。
自由と選択を経験するため、あえてつくられた「苦悩（不完全）の道」。
神が神である自覚を失うからこそ広がる、神としての自覚。
それが「リーラ（神の遊戯）」だ。
自我はそのためにつくられた。

人間は「さとり」で生まれ、成長過程で「さとりを閉じる」。そこを経由して「さとりを開く」。

最初に「閉じて」いなければ、「開く」という経験ができないだろう。だからこそ、あえて閉じる必要があるんだ。

以前「子供の自我形成を抑制する必要はない」と言った理由はここにある。

とにもかくにも「この世」は幻想。

プレイヤーがマリオの心配をしないように、神もまたおまえの心配はしていない。

そしてまた、これから先も、神はおまえの元からハプニングを取り上げたりしない。

しかし、マリオが炎に焼かれても、プレイヤーは無傷でいるのと同じように、何があっても絶対に大丈夫だ。そんなわけだから、これからも、安心して苦しみつづけなさい。

それもイヤだというのなら、第一ステージをクリアして、さっさと第二ステージに入ればよろしい。

「第二ステージ!?　それがどんなステージなのかがすっごく気になるけど、その前に聞かなきゃいけないことが。まず、第一ステージはどうやってクリアすればいいんです?」

さとりを開けばいい。

「………。めちゃめちゃハードル高いんですけど」

そんなことはない。「さとり」という言葉のイメージにとらわれて、そう思い込んでいるだけだよ。

この時代に生きる人間のほとんどは、すでにクリアの条件を満たしているんだから、全然難しいことじゃない。それが、昨今「アセンションの時代」といわれているゆえんだ。

「マジッすか!?」

だって、自分が神であるという自覚がないだろう？　この世が幻想だなんて信じられないだろう？

「ええ、まったく」

なら、第一ステージの目的は、すでに達成されているじゃないか。

「まぁ、そう言われればそうですけど……。さとりを開くっていっても、具体的にはどうすれば？」

だから何度も話しているだろう。全体意識と分離意識の間にある「捻《ね》じれ」をなくせばいいんだよ。

この捻じれは、自分と自分以外を分離・区別したがる「心の壁」。

必要なのは、ハ、ー、ト、を、開、く、こ、と、だけだ。

「さとりを開く」という言葉を、難解にとらえる必要はない。それは、「ハートを開く」のと同義だ。

しかも、この捻じれを開くための努力や修行も必要ない。第一ステージのクリア条件を満たした時点で、自動的に開く仕組みになっている。

「え？　それは、何かの間違いじゃ？

だって雲さんはさっき『この時代に生きる人間のほとんどは、すでにクリアの条件を満たしている』って言ったばかりじゃないですか。

その壁がクリア条件を満たした時点で勝手に開くのなら、『この時代に生きる人間のほとんどは、すでにさとっている』って話になっちゃいますよね？　話が矛盾していますよ」

いや、矛盾はない。みな条件を満たしている。「捻じれ」にもすでに自動解放装置が作動している。

「さとり」が起きない原因はただ一つ。それは人間が、せっかく開こうとしているこの壁を、開かないよう努力しているからにほかならない。

「開かないよう努力しているか……」

そう。数千年間慣れ親しんできた第一ステージ（キャラクター意識）に対する執着。また、惰性的習癖。それが「恐れ」、また、それに伴う「防衛反応」だ。心の壁を開くことに対する不安感だね。

外部（非我）の攻撃から自分（自我）を守るため。そして、内部（心）をのぞかれないようにするため。この二つの要因をもとに、心の壁の解放を拒んでいる。

が、人間はこの防衛反応（心の壁の存在）が自らを苦しめていることに気づいていない。

考えてもみてごらん。親子や兄弟間、また、友人や恋人の間、職場や学校、ご近所づきあいなど、身近なところで目にする小さな〝いざこざ〟から、国際問題や戦争などの大きな争いに至るまで、ありとあらゆる闘争の原因は、突き詰めていくとただ一つ。

「心の壁（ハートが閉ざされている状態）」があることによって生まれる「わかり合えない」という理由だ。だからこそ、これらの状況を根本的に解決する術《すべ》は、互いのハートを開くほかにない。

ハートを開くには単に、それを閉ざしているエネルギー（恐れ・不満・不安・不信感・怒り・傲慢《ごうまん》・罪悪感・劣等感・差別・軽蔑《けいべつ》）を手放せばいいだけの話だ。

その、「ハートが開かれている状態」が、「愛」と呼ばれるもの。「私とあなたの間に壁がない」、それが愛だ。

愛は「行為」ではない。「状態」のことだ。

「私とあなたの間に壁がない」ということは、「私とあなたは同じ存在」ということ。

つまり、

自分を愛するということは、他者を愛することと同義である。

他人を傷つけるということは、自分を傷つけることと同義である。

自分を認めないということは、他人を認めないことと同義である。

他者を認めないということは、自分を認めないことと同義である。

自分を苦しめるということは、他者を苦しめることと同義である。

他者の苦しみをそのままにしておくことは、自分の苦しみをそのままにしておくことと同義である。

その理解が一人ひとりにあったとしたら、そこはどんな世界だと思う？

互いに心を閉ざした「わかり合えない時代」から、心と心の間に壁がない「わかり合える時代」になったとしたら、どんな世界になると思う？

それが、人生ゲームの第二ステージ、「アセンション後の新世界」だ。


――後半（第9章）へ続く。

雲 黒斎

（￣Д￣）『自己肯定とは、肯定できないことを無理やり受け入れようと思考をこねくり回す努力ではない。

実際に肯定できることに目を向けてあげること、フォーカスを変えることによって見えてくる、現状に対する感謝だ』

いいね！・コメントする・@un_kokusai on Twitter・シェア

第5章

超訳『般若心経』

突然なんですけど『般若心経《はんにゃしんぎょう》』って、すごく人気がありますよね。

「それほど仏教を勉強したことがない」という人や、「自分の家の宗派が何かもわかってない」なんていう人でも、『般若心経』なら聞いたことがあるということは少なくないですよね。経典と呼ばれるものは数あれど、これほど身近になったお経はそうないような気がします。

インターネットで人気の動画投稿サイトをのぞいてみれば、普通に読経されたものはもちろんのこと、JポップやR&B調にアレンジされたものなんかもいっぱい見つかるし、書店に行けばお坊さんや作家さんが解説したものだけではなく、生命科学者に脳科学者、はてはお笑い芸人さんが現代語訳したものまで、ずらりと並べられています。

何を隠そうこの僕も、雲さんのアドバイスを受けながらこのお経を学び、その内容の奥深さにいたく感銘を受けまして、数年前には自分なりの訳をブログに載せたこともあるんです。

でも、それはやっぱり数年前のお話。

僕の理解も日々変化しておりますので、これまで目にしてきた解説書や数々の意訳、また、かつて自分で書いた内容にも、大きな違和感や物足りなさを感じるようになってきたのです。

これまで世に出てきた解説書にはなかった、本来の意味から、ゴソッと抜け落ちていた「大切な何か」。そのニュアンスを補えるものを、あらためて書いてみたくなりました。

そういったわけで、今回はこの『般若心経』の黒斎訳チャレンジにおつきあいください。

あの『西遊記』で有名なお坊さん、玄奘三蔵《げんじょうさんぞう》（通称「三蔵法師」）が三匹の妖怪《ようかい》とともに天竺《てんじく》（古代インド）から持ち帰った、ありがたーい経典の数々。

サンスクリット語で綴《つづ》られたその膨大な情報を、帰国後せっせと漢訳してまとめあげたのが『大般若波羅蜜多経《だいはんにゃはらみつたきょう》』六百巻。文字数にして約三百万文字なり。それをさらにかみ砕き、重要なエッセンスをギュッと凝縮して（「約一万分の一」というものすごい圧縮率です）、わずか三百文字程度の本文に整理したとされるのが、僕たちがよく目にするあの『般若心経』なんだそうです。

ではまず、このお経を見てみましょう。

唐三蔵法師玄奘訳『般若波羅蜜多心経』

観自在菩薩　行深般若波羅蜜多時　照見五蘊皆空　度一切苦厄

舎利子　色不異空　空不異色　色即是空　空即是色　受想行識　亦復如是

舎利子　是諸法空相　不生不滅　不垢不浄　不増不減

是故空中　無色　無受想行識　無眼耳鼻舌身意　無色声香味触法　無眼界

乃至無意識界

無無明　亦無無明尽　乃至無老死　亦無老死尽　無苦集滅道　無智亦無得

以無所得故　菩提薩埵　依般若波羅蜜多故　心無罣礙　無罣礙故　無有恐怖

遠離一切顚倒夢想　究竟涅槃

三世諸仏　依般若波羅蜜多故　得阿耨多羅三藐三菩提

故知般若波羅蜜多　是大神咒　是大明咒　是無上咒　是無等等咒

能除一切苦　真実不虚　故説般若波羅蜜多咒

即説咒曰

羯諦　羯諦　波羅羯諦　波羅僧羯諦　菩提薩婆訶

般若心経

うん。ルビふられてないと読めもしないし、意味だってわかんないよね☆

で、結局のところ、このお経って何が書かれているの？　と言いますと、

「あのな、『このこと』に気づいちゃうと、人生における、あらゆる苦厄がな

くなっちゃうんだぞ！」ってなことを、観自在菩薩《かんじざいぼさつ》が舎利子《しゃりし》にお話ししている様子なんです。

※「仏教」っていうのは読んで字のごとく「仏の教え」つまり「お釈迦《しゃか》様の教え」なんですけど、このお経はお釈迦様じゃなくて、厳密にいうと観自在菩薩の言葉をまとめたものなんですね。

で、早速このお経のお話を進めていきたいと思うのですが、本文に入るその前に。

僕たちがよく目にしている『般若心経』は、実は圧縮されたものから、さらに省略されたものなんだそうです。

このお経には本来、僕たち一般ピーポーがあまり目にすることのない、お話の背景（お経のプロローグとエピローグ）があったんですね。まずはそこからご紹介したいと思います。

お話の舞台となっているのは、インドのビハール州のほぼ中央に位置する、グリドラ・クータ（日本語訳：霊鷲山《りょうじゅせん》）と呼ばれる山の頂。ここは、お釈迦様がよく説法をしていた定番の講演会場だったそうです（何でも、お釈迦様に帰依したビンビサーラ王が、説法を聴きに集まる人々のために山の麓《ふもと》から頂上までの道を築いたのだそうです）。

で、説法が開かれていた当時のある日のこと。その日も霊鷲山には、朝早くからたくさんのお弟子さんたちが集まり、じっとお釈迦様の説法が始まるのを待っていました。

が、この日のお釈迦様は、いつまでも静かに座禅（瞑想《めいそう》）を続けたまま、いっこうに口を開いてくれる様子はありません。

そこでお弟子さんたちは、ただひたすら座りつづけるお釈迦様にならい、見よう見まねで静かに座りはじめました。

そんな中……何ということでしょう！（声：「加藤みどり」ふうに）しーんと静まりかえったその会場で、ふっとお釈迦様の瞑想に感化されて、さとりを開いた者が現れたのです！

「あ、あぁっ！　わかっちゃった！　お釈迦様のお話しされていたことの意味が、わかっちゃった！」

その男の名は、アヴァローキテーシュヴァラ。のちに「観自在菩薩」や「観音菩薩（観世音菩薩）」と漢訳され、数々のお経に登場することとなる超メジャーなあの人です。

そしてそのとき。そんな観自在菩薩の劇的ビフォーアフターをいち早く感じ取った、勘のいい修行僧がいました。その男の名は、シャーリープトラ。それが舎利子（「シャーリーさん家の子《ち》」の意。「舎利弗《しゃりほつ》」とも。のちに釈迦の弟子中「智慧《ちえ》一番」といわれるほどの成長を遂げる）。

舎利子は、観自在菩薩がさとりを開いたのを知り、いてもたってもいられなくなってしまいました。

「観自在菩薩様はきっと、さとりに至る最大の秘訣《ひけつ》、瞑想の極意に気づいたにちがいない！　聞きたいな～、ちょっとしたコツでもいいから聞きたいな～。でもな～、この会場すっげー静まりかえってるし、声かけるのも気が引けるな～。後にしたほうがいいかなぁ。でもな～、やっぱりいますぐ聞いて、実践してみたいんだよなぁ。どうしようかな～」

舎利子がそんなふうにモジモジしていることに気づいたお釈迦様は、舎利子に（テレパシーで）合図を送りました。

「せっかくのチャンスなんだから。聞いちゃえ聞いちゃえ」って。

お釈迦様の後押しを受けた舎利子は、サッと観自在菩薩の元へと近寄り「観自在菩薩様、どうか後学の者のために、その境地と、そこに至るための秘訣を教示してください！」とお願いするのです。

そして観自在菩薩は、「私なんかでいいんですか？　お釈迦様の講演会場なのに？　え？　お釈迦様もいいとおっしゃってくださってる？　わかりました、では僭越《せんえつ》ながら、今日は私がお釈迦様に代わってお話しいたしましょう」と、たくさんのお弟子さんを前に説法を始めました。

と、いうわけで黒斎訳『般若波羅蜜多心経（悟ろうぜ！～究極の瞑想と境地。その真髄に迫る〜〉』の、始まり、始まり〜。

《観自在菩薩《かんじざいぼさつ》　行深般若波羅蜜多時《ぎょうじんはんにゃはらみつたじ》　照見五蘊皆空《しょうけんごうんかいくう》　度一切苦厄《どいっさいくやく》》

舎利子　先輩。どーか一つ、ご教授のほどを。

観自在　え？　僕でいいの？　それじゃ、お言葉に甘えて……僭越ながらわたくし観自在が、お釈迦様に代わってお話しさせていただきましょう。

舎利子　ぜひぜひ！

観自在　いやね、実はお釈迦様の瞑想に引きずられるようにして、フッと『空《くう》』に入っちゃったもんだからね、「僕が何をしたか」っていう視点では話すことができないんだ。
でもでも、お釈迦様がいつも『無我』って言ってることの意味が、頭じゃなくて体験としてわかったことは確かなんだよ。「あっ、

《自分》なんてもともと存在してないじゃん！」って。

舎利子　ふむふむ。

観自在　お釈迦様が常々おっしゃっていたとおり、『空』を知るってことは本当に大切なことなんだと気づいたよ。それに気づくことで、人は一切の苦悩から解放されちゃうんだからさ。「この問題は解決できるけど、こっちは無理」とかじゃなくて、すべての問題がなくなるんだ。な、これってすごいだろ？

舎利子　え、いや、まぁ……、たしかにすごそうではあるんですけど……。

《舎利子《しゃりし》　色《しき》不《ふ》異《い》空《くう》　空《くう》不《ふ》異《い》色《しき》　色《しき》即《そく》是《ぜ》空《くう》　空《くう》即《そく》是《ぜ》色《しき》　受《じゅ》想《そう》行《ぎょう》識《しき》　亦《やく》復《ぶ》如《にょ》是《ぜ》》

観自在　ちょっとシャーリー！　ちゃんと聞いてる？

舎利子　あ、はい、もちろん聞いておりますですよ。ただその〜、いまおっしゃっていた『空』っていうのが、やっぱりよくわからないんです。

観自在 あ、そう? わかりづらかった? じゃあ、もうちょっとお話ししてみようかな。

舎利子 お願いします。

観自在 この世に存在するあらゆるものはね、僕たちが勝手に「実体がある」と思い込んじゃってるだけで、本当は実体をもっていないんですよ。

何て言えばいいのかなぁ。あ、そうそう! あのさ、シャーリーは『量子』って知ってる?

舎利子 量子って、物理とか力学なんかで「物理量の最小単位」といわれる量子のことですか?

観自在 そうそう、その量子。でさ、知ってる? その量子ってのは、『物理量の最小単位』とはいっても、さらに突き詰めてとらえると、もう『物質』ともいえなくなるらしくてね、どちらかというと『エネルギーの振動』なんだって。

舎利子 へぇー。

観自在 でね、このエネルギーの振動が密度を増していくと、人間が認識できる『物質』として形づくられるのね。逆にいえば、そのエネルギーの密度が変われば、目に見えず、触ることもできないエネルギーになることもできるってこと。

つまり、物質も、そうじゃないものも、元をたどれば全部同じ。この宇宙に存在する、ありとあらゆるものは、実は『同じモノ』ってわけさ。『空』っていうのは、「何もない」っていうことじゃなくてね、その量子が満ち満ちているっていうことなんだ。

舎利子 ほほう。と、いうことはですよ。僕たちは日々その『空』を求めて修行していたわけですが、実際は、その『空』から離れたことはなかったたってことですね。

観自在　おおー！　いいところに気づきましたね、そのとおりです。
その実体をとらえられようがとらえられまいが、あらゆるモノは『空』の中に存在してるんだよね。いや、むしろ『空＝存在』と言ったほうが的確かもしれない。たえずその振動を変化させつづけている無形の全体像が『空』ってことなんだ。そこには、一切の分離（何かと何かを分ける境界線）が存在しない。すべてはひと続きなんだ。

舎利子　え？　そこ、もう少し詳しくお願いします。

観自在　どういうふうに説明すればいいのかな。たとえば……そう！　この『空』という存在はね、「止まる」ということができないんだ。流動しつづけている。
シャーリー、君だってそうだよ。ほんの一瞬でも、止まることってできないでしょ？　昨日のシャーリーと、今日のシャーリー、同じように見えても若干変わってるよね？

舎利子 ええ!?　いや、僕は昨日も僕ですし、今日だって変わらず僕ですよ?

観自在 いやいやいや。変化しつづけるということによって、物質は物質でありえるんだよ。

たとえばそう、君は食事もするし、さっきはウンコもしてたよね?　食事の前後、排泄《はいせつ》の前後ってことを物理的に見たって、止まることなく変化・流動しつづけているわけだ。

いいかい?　ここに一杯の水がある。現段階では、君と水は別な存在にも見える。が、君がこの水を飲んだとしたらどうだろう。その瞬間に君と水の区別ができなくなるよね。

舎利子 あ、そういう意味ですか!

……あれ?　でもですよ、やはり変化しないモノだってたくさんあるじゃないですか。たとえばほら、ここに転がっている『石』という物質。これは食事もしなければ、植物のように光合成もしません。変化どころか「動き」すらないですよね。

観自在 いやいや、それは「いまのシャーリーの目にはそう見える」ということにすぎないよ。この宇宙に動いていないものなんて何一つないんだから。

舎利子 え〜、ホントにそうですか？

観自在 視点を変えれば、そこに転がっている石すらも動き出すさ。だってほら、その石がある地球そのものが常に回ってるだろ。ミクロで見れば原子核のまわりを電子が動き回ってるし。それに、どんなに変わらないように見えたって、この石も変化しつづけてるよ。ほら、この石なんか、こんなに表面が滑らかになってる。これは、他の石とぶつかり合うことや、雨風にさらされることなどによって研磨された、つまり、変化を遂げた結果だろ。欠けたほうも見てみれば、石が砂に変化したってことさ。

舎利子 う〜ん……言われてみればそうですけど、なんか屁《へ》理屈っぽくないですか？

観自在　いや、そんなことはないよ。っていうか、むしろ重要なのはそこなんだ。

『自分』という、万物からかけ離れて存在すると錯覚された感覚があるからこそ、ありのままの世界ではなく、「自分から見て」という制限された世界を見てしまうんだよ。『何か』を『何か』として認識することや、部分を切り取って限定的に理解するということを通じて、僕たちは己が存在のすべてであることを忘れてしまったんだ。

「私から見て」という限定された見方は、ありのままの中立な状態を見過ごしてしまうことになる。

たとえばだよ、いま君の目の前にウンコがあったとしたら、どうとらえる？

舎利子　どうって言われても……まぁ、いい気分はしませんよね。

観自在　じゃあ、もし君がハエやフンコロガシとして存在していたとしたら、そのウンコはどう見えるだろうね？

舎利子　う〜ん。もしかしたら「わーい！　わーい！　ご馳走《ちそう》だ！」って大喜びしてるかもしれません。

観自在　だろ。つまり、『私』という視点を持ち込むことによって、物事は本来のありのままの姿（中立性）を失ってしまっているということなんだ。

《舎利子《しゃりし》　是諸法空相《ぜしょほうくうそう》　不生不滅《ふしょうふめつ》　不垢不浄《ふくふじょう》　不増不減《ふぞうふげん》》

観自在　シャーリー、大丈夫？　話についてこれてる？

舎利子　はい、何とかギリギリって感じですけど……。先を聞かせてください。

観自在　つまりだね、実際に存在しているのは『空』という流動しつづける全体性だけであって、『自分』とか『何か』とか、そういうふうに他と分離して存在するものは、何一つないってことなんだ。すべてが連携しあった、ひと続きの同じ存在なんだよ。ニューエイジ系のみんなは、それを『ワンネス』なんて言葉で呼んでいるね。

舎利子　ワンネスですか。ちょっとオシャレな響きですね（笑）。

観自在　そのワンネス、「万物すべてがひと続きの同じ存在」という理解から見るとね、もう「生まれる」とか「死ぬ」とかいうことも言えなくなるわけですよ。つまりシャーリー、君は生まれてもいなければ、死ぬこともないってことなんだよ。

舎利子　何ですって!?

観自在　そのことについてはね、『もっと あの世に聞いた、この世の仕組み』の第1章で黒斎くんがうまいこと書いてるから、見てごらんなさい。ほら、僕の本貸してあげるから。

舎利子　あ、ども。お言葉に甘えてちょっとお借りしますよ。何々？
《もし「新しい命がどこかで吹き込まれることがある」とするならば……》
ふむふむ、ほうほう、なるほど～。

観自在　同じように「万物すべてがひと続きの同じ存在」という視点に立ったところから見ると、キレイだとか汚いだとかも言えなくなるよね。増えるとか減るということも言えなくなる。だってすべてだからね。比較する対象もないわけだ。

《是《ぜ》故《こ》空中《くうちゅう》　無《む》色《しき》　無《む》受《じゅ》想《そう》行《ぎょう》識《しき》　無《む》眼《げん》耳《に》鼻《び》舌《ぜつ》身《しん》意《に》　無《む》色《しき》声《しょう》香《こう》味《み》触《そく》法《ほう》　無《む》眼界《げんかい》　乃至《ないし》無《む》意《い》識《しき》界《かい》》

観自在　わかってもらえるかな。この『空』という次元において世界をとらえたなら、そこには物質、いや、それ以前にあらゆる『分離』

という概念がなくなってしまう。「物質」という物言いも、「物質」と「物質以外」を切り分ける要因になってしまうからね。

「これはこれ、それはそれ」といった定義づけ、これまでの経験、思い出や未来に対しての理想などといった、ありとあらゆる「属性」を排除した先に残る『ただ、ある』という感覚。その揺るがない存在感こそが、僕たちの真の姿、『空』なんだ。

舎利子　……属性の排除、ですか？

観自在　そう。人間がつくり出したあらゆる「意味づけ」をすべて取っぱらっていくんだ。

僕たちはね、目の前にした物事に自分本位でたくさんの意味づけをしてしまう。名前や価値、意味をつけ、関連したモノをカテゴライズし、整理整頓《せいとん》してデータベースに記録していく。

そういった事物への意味づけや価値づけ、善《よ》し悪《あ》しなどの比較や判断、「アイツはあーだこーだ」というようなレッテル貼りや敵対意識、羨望《せんぼう》や争いも、すべては「分離（あれとこれは別なモノ）」という概念があるからこそ生まれるんだ。そうだろう？その「分離」という概念がなければ、敵も味方もありゃしない。迫害も差別も起こりえない。

だからこそお釈迦様はカースト（ヒンドゥー教にまつわる身分制度）にこだわることなくお話ししてくださるんだ。

とにかく、僕たちが何かについて把握するときは、実はその対象のありのままを見ているんじゃない。『頭の中にあるデータベース』を参照しているんだ。

舎利子　……それは、ありとあらゆることにおいてですか？　僕は、何一つありのままをとらえることはできていないのでしょうか？

観自在　うん。受け入れがたいかもしれないけど、ほぼ皆無といっても過言じゃないね。

あらゆるものを分離してとらえてしまう根本要因があるかぎり、

舎利子　決してありのまま（真理）をとらえることはできないよ。

と、いうことはですよ。逆に言えば、その『あらゆるものを分離してとらえてしまう根本要因』がなければ、真理をとらえる道が開かれるということですね？

観自在　そう。まさにそのとおりだ。

舎利子　では教えてください！　その『根本要因』とは、ズバリ、何ですか？

観自在　五蘊《ごうん》だよ。

舎利子　五蘊？

観自在　分離意識を生む五つの要素のことさ。

舎利子　もう！　焦《じ》らさないで早く教えてくださいよ。何なんですか、その五つの要素って！

観自在　いやいや、実はもう話していることなんだよ。「自分と自分以外が存在する」というこの感覚、『自我（「私」という自意識）』の存在こそが、その五蘊の一番最初に来る要素で、あらゆる分離の出発点となる。後の要素は、これに付随してくるものばかりだよ。

舎利子 どういうことですか？

観自在 自我はね、あらゆるモノを分離していくことがその役割なんだ。自分と切り離されて存在する何かがない以上、『私』が存在することはできないからね。

だから、自我はまずは最初に、『空（存在のすべて）』を、『私』という意識と、その私が存在する『外界（世界・自然・宇宙）』の二つに分ける。

その分離感覚をつくり出すために役立つツールが、何を隠そう僕たちの肉体だ。

舎利子 何ですって！

観自在 視覚・聴覚・嗅覚《きゅうかく》・味覚・触覚、これらの「五感」と「心」の存在によって、僕たちは外界を知覚するよね。それがまさに、

『私』と『外界』が分かれて存在していると錯覚してしまう土台になってしまっているんだ。

五感を通して得た印象、「熱い・冷たい」とか「心地いい・痛い」とか「甘い・辛い」などといった『感覚における仕分け作業』がある。

それができたら、今度は「判断」という仕分けだ。「善悪」や「苦楽」「好き嫌い」など、『心における仕分け作業』ね。

さらには前工程でつくられた仕分けデータをもとに、自分に都合のいいモノを引き寄せ、都合の悪いモノを排除しようとする『行動面での仕分け作業』が生まれる。

そうやって経験された記憶の数々は、自分と自分以外を分離させる知識＝データベースとして蓄積されていく。

これらの分離を生む要素をまとめて「五蘊」というんだ。世界をさまざまな分別を通して、自分本位に意味づけジャッジする、その性《さが》によって人間は「ありのまま」の世界を見失い、苦しみをまとってしまうんだ。

と、いうことはだよ、僕たちが日々せっせと積み重ねているこの仕分け作業こそが、あらゆる苦悩の原因だってことなんだよ。

舎利子 ええー！ マジッすか？ これらはみんな、人間誰しもが当たり前にやってることばかりじゃないですか！

観自在 だからこそお釈迦様は「人生は苦である」とおっしゃっているんですってば。

いいですか、シャーリー。ここでちょっと考えてごらんなさい。君にとって「苦悩」とは、いったいどんなことですか。三十秒以内に、ひと言で答えてください。

舎利子 えー、ひと言ですか？ よりによってひと言ですか？

う〜ん。……そうですね、では、「喪失」と答えることにします。

観自在 おー！ さすがシャーリー。いいところを突いてきましたね。

舎利子　てへっ♪　ありがとうございます。自分でもなかなかいい単語を見つけたなって思います。

喪失したくないモノ、まずは命ですよね。やっぱり死にたくないってのが一番かな。

それから財産、仕事、住まい、家族、恋人、友人、健康、娯楽、生き甲斐《がい》などなど、そういう大切なものを喪失するのが、苦悩といえるんじゃないでしょうか。

観自在　だよね、だよね。

舎利子　……ハッ、そうか！　先輩、僕、ちょっと気づいちゃいましたよ！

僕がいま「喪失したくない」と言ったモノはすべて、先ほどの『仕分け作業』によって生まれたものばかりです！

観自在　そう！　そういうことなんだ、シャーリー！

さっきも言ったけど、『空』という全体性（分離のない次元）から見たら、死ぬということも、失うということもありえないんだ。
目で見た映像も、耳で聞いた音も、鼻で嗅《か》いだ匂《にお》いも、舌で感じた味も、身体にふれた感覚も、それらをもとにまとめあげられた印象やストレスの対象も、本当は何一つ実在していない。目に見える物質的な世界から、頭の中でアレコレと思い煩う思考の世界に至るまで、僕たちが見ていた世界はすべてバーチャル・リアリティなんだ。

《無無明《むむみょう》　亦《やく》無《む》無明尽《むみょうじん》　乃至《ないし》無《む》老死《ろうし》　亦《やく》無《む》老死尽《ろうしじん》　無《む》苦集滅道《くしゅうめつどう》　無《む》智《ち》亦《やく》無《む》得《とく》》

舎利子　なるほど～。僕もそのことを、理屈だけではなく体感として理解したいです！　さぁて、もっとたくさんの修行をしなくっちゃ！

観自在　おいおいおい、ちょっと待て！　いまなんて言った？

舎利子　え？　いや、ですから僕がその境地に至り、単なる情報ではなく体感をもって理解するためには、もっとたくさんの修行や理解が必要そうだなって……。

観自在　あぁ、もう！　だからさ、その考え方がすでに間違ってるんだって！　それじゃあ自我の思う壺《つぼ》だよ。君がさとりを開こうとあくせくすればするほど、逆にさとりから遠ざかってしまうんだ。

舎利子　そんなバカな!?　お釈迦様だって「苦集滅道《くしゆうめつどう》」を説いておられるじゃないですか！　それはつまり、「修行せよ」ってことですよね？
ここに集まる多くの修行者は、その言葉を信じて、日々勉強や修行に勤《いそ》しんでいるのですよ!?
それなのに、「修行がさとりを遠ざける」だなんて！　なぜ、そんなことが言えるのですか!?

【ワンポイント・レッスン】

Q 「苦集滅道」って?

A お釈迦様の説いた四つの聖なる真理（四聖諦《しせいたい》）のことです。

この四つの真理を通して人はさとりを開き、輪廻転生《りんねてんしょう》を終えて苦から脱するといわれています。

苦《く》 諦《たい》：「人生は苦である」という事実を受け入れ、知り尽くしなさい。

集《じっ》 諦《たい》：苦の根本原因（煩悩）が何であるかに気づきなさい。

滅《めっ》 諦《たい》：苦の根本原因に気がついたなら、その原因を滅しなさい。

道《どう》 諦《たい》：右記を実現させる道があります。私の示す八つのこと（八正道《はっしょうどう》）を実践してみなさい。

Q じゃ、その「八正道」って?

A お釈迦様がお話しされた、涅槃《ねはん》に至る修行の基本、八項目のことです。

正《しょう》見《けん》：あらゆる先入観を捨て、ありのままをとらえなさい。
正思惟《しょうしゆい》：世間一般の常識にとらわれることのない、物事の本質を求める哲学者でありなさい。
正《しょう》語《ご》：真実を見抜けていれば、思い込みや嘘《うそ》、無駄話や悪口などを語ることはなくなります。
正《しょう》業《ごう》：ワンネスを実感できていれば対立はありえません。殺し合いや略奪などはもってのほか。
正《しょう》命《みょう》：誰かを犠牲にすることなく、誰もが繁栄に向かうよう、生きる務めを果たしなさい。
正精進《しょうしょうじん》：過去の過ちに気づいたなら、繰り返すのはやめなさい。また、正しさに気づいたなら、続けなさい。
正《しょう》念《ねん》：肉体・判断・思考・物など、「さまざまな執着」が、苦を生じさせていることに気づきなさい。
正《しょう》定《じょう》：禅定（瞑想）を会得なさい。「いま」にありなさい。

観自在　だからさ、その答えはいま示したばかりじゃないか。
苦の原因は、僕たちが『空』という存在の原点を見失ってしまったことにある。そしてその忘却は、自我を起点とした分離意識の生成によって生まれるものだ。だから後は、その原因、「自我」を滅すればいいだけだ。
が、しかし。問題はここからなんだシャーリー。
その苦の原因、「自我」を勉強や修行によって滅しようとしているのは、いったい誰だろう？

舎利子　ハッ！　ぼ、僕（という自意識＝自我）です！

観自在　そのとおり。「さとり」とは、自我の消失だ。が、学習や修行を通してその自我の消失に挑んでいるのは「自我自身」。つまり、さとりたいと願う自我がありつづけるかぎり、「さとり（自我の消失）」は訪れないという構図ができ上がる。

舎利子　なんてこった！

観自在

たしかに、いまの君自身がそう感じているように、バーチャル・リアリティの中においては君は無明（真理を理解していない）といえるだろう。

しかしながら、『空』の次元から見れば、「無明」という概念そのものが消えてしまう。「理解していない」という立場とともに、「理解している」という立場も消失してしまうんだ。

『空』の次元には、「無明」という概念は存在しない。「死」や「老い」などという概念もない。だからこそ、それらを「乗り越える」ということ自体ができないんだ。

どんなに勉強しても、どんなに修行をしても、どれほど徳を積んでも、そういったことは一切意味をなさない。残念ながら、それで『空』を知るに至るわけではないんだよ。

君が人一倍勉強を続けて、たくさんの情報を得たとしても、それはあくまで「情報の蓄積」。情報と理解は別物だから、情報を超えた次元の「気づき」が必要なんだ。しかし、「気づき」には因果が存在しない。

どれほど強く「理解しろ」と言われても、理解できないことがあるように。「気づき」「理解」は努力の結果ではない。因果を超えたハプニングなんだ。

《以《い》無《む》所得《しょとく》故《こ》　菩提《ぼだい》薩埵《さった》　依《え》般若《はんにゃ》波羅《はら》蜜多《みった》故《こ》　心《しん》無《む》罣礙《けいげ》　無《む》罣礙《けいげ》故《こ》
無《む》有《う》恐怖《くふ》　遠離《おんり》一切《いっさい》顛倒《てんどう》夢想《むそう》　究竟《くぎょう》涅槃《ねはん》》

舎利子　な、なるほど……。じゃあ、僕はいったいどうしたらいいんでしょう？

観自在　ほらまた、「どうしたらいいんでしょう」なんて言葉が出てる。考え方が「あべこべ」なんだよ。
どうしたらいいのか、じゃないんだ。どうもしなければいいんだよ。

舎利子　え？？？

観自在　いいかい？　君はいままで「いかにしてハードルを越えていくか」という視点をもとにたくさんの努力をしてきたんだ。

しかし、さとりを求めるのであれば、君が理解すべきことは、「いかにハードルを越えるか」じゃない。「もともとハードルなどなかった」という、そのことに気づくべきなんだ。

ハードルのないハードル走は、ハードル走じゃない。単なる短距離走だ。

真実の世界のコース上には、何の障害物もないというのに、そこに君は架空のハードルを想定し、必死に足を上げて飛び越えては、ゼエゼエと息を切らしている。その滑稽《こっけい》さに気づきなさいってことなんだよ。

お釈迦様は、ハ、ハ、ハ、ハ、ハ、ハードルの越え方を知らない君を「無明（わかっちやいないな）」と言ったのではなく、ハ、ハ、ハードルがない、い、い、ことに気づいていないという、そのことを「無明」と言っているんだ。

舎利子　あぁ！　そういうことだったんですか－！

観自在　もう一度、そういう視点で「八正道」を解釈してみてごらん。きっといままで感じてきたものとは違うニュアンスが見えてくるはずだよ。

さぁ、恐れることは何もない。これまで大事に抱えてきた「ああしてみよう」「こうしてみよう」といった思いや、修行に対するこだわりはすべて手放してしまおう！

舎利子　し、しかしながら……。

観自在　ん？　今度は何だい？

舎利子　それでは、瞑想についてはどうとらえればよろしいのでしょう。お釈迦様は常々、瞑想はとても大切であるとお話しされています。そしてまた先輩も、瞑想を通してさとりを開いたようにお見受けいたしました。
それなのに今度は「ああしてみよう」「こうしてみよう」というこだわりを一切捨てよとおっしゃる。
それでは瞑想すればよいものなのか、しないほうがよいものなのか、わからなくなるのです。

観自在 あぁ、なるほど。いい質問だね。
しかしながら、そういう質問になるということはやはり、君は「瞑想」が何であるかを理解できていないようだ。

舎利子 はい？

観自在 瞑想はね、「するもの」じゃないんだよ。「落ちるもの」なんだ。

舎利子 落ちるもの？　それは、どういうことですか？

観自在 何かをしようとするあらゆる意図が、すべて落ちきった状態のことを「瞑想」と呼ぶんだ。
瞑想は手段でもツールでもない。「結果」なんだよ。

結果を「する」とは言えないだろう？　だから、「瞑想をしよう」という考え方は間違いなんだ。

瞑想は、するものではなく起こるもの。「恋に落ちる」のと同じように、「瞑想に落ちる」んだよ。

それは、自我の意図によって生まれるものじゃない。自我の意図の及ばないところからの働きかけによって起こるものなんだ。

いいかい？　大事なことだから繰り返して言うよ。

「瞑想をしよう」とすると、そこにはしようとしている私、「自我」が存在する。

でも、何かをしようとする自我そのものがなくなれば……、それは無我の境地、禅定状態になる。

このことの意味が理解できたなら、さとりは目前さ。

《三世《さんぜ》諸仏《しょぶつ》　依《え》般若《はんにゃ》波羅蜜多《はらみった》故《こ》　得《とく》阿耨多羅《あのくたら》三藐《さんみゃく》三菩提《さんぼだい》》

観自在　これまでも、そして、これからも。本当の意味でのさとりは、いま話したことの外では決して起こりえないんだ。

《故《こ》知《ち》般若《はんにゃ》波羅蜜多《はらみった》　是《ぜ》大神呪《だいじんしゅ》　是《ぜ》大明呪《だいみょうしゅ》　是《ぜ》無上呪《むじょうしゅ》　是《ぜ》無等等呪《むとうどうしゅ》
能除一切苦《のうじょいっさいく》　真実不虚《しんじつふこ》　故説般若波羅蜜多呪《こせつはんにゃはらみったしゅ》》

舎利子　なるほど、そういうことだったんですね。よくわかりました。おかげさまで、目から鱗《うろこ》が落ちまくりでしたよ〜。先輩、今日はありがとうございました！

観自在　おいおいおい。勝手に締めないでくれよ。まだ大切なことが残ってんだからさ。

舎利子　あ、すみません……。何ですか？　大切なことって。

観自在　うん。ここにいる君たちに、真言《マントラ》を授けようと思ってね。

舎利子　え？　何ですか、それ？

観自在　何ていうか……、まぁ、強いて言えば「さとりを促す呪文《じゅもん》」って感じかなぁ。

舎利子　ええ？　マジッすかーーー!?　「さとりを促す呪文」って、そんなのあるんですか！

観自在　まぁね。

舎利子　そ、そ、それ、めっちゃ知りたいです！　教えてください！

観自在　うん、そりゃもちろん。でも……。

舎利子　でも？

観自在　他の人には教えちゃダメだよ。

舎利子　え？　な、何でですか？

観自在　君が僕のまねをして誰かに教えたとしても、何の役にも立たないから。

舎利子　は？

観自在　僕がこれから君に授けるのは、言葉じゃないんだ。

舎利子　え？　でも、さっき「呪文」って……。

観自在　その呪文はね、たしかに口に出して唱えることになるんだけど、厳密には「波動」なんだ。

僕はこれから音の波に乗せて、「君を空へと導く波動」を送り込む。

僕は話の冒頭に、お釈迦様の瞑想に引きずられるように『空』に入ったって言ったよね。あのときお釈迦様は、ご自身の瞑想状態を通じて、周囲に純度の高い『空』エネルギーを大量に放射していたんだ。僕は、その波動に共鳴することで、『空』に招き入れられたんだよ。

さっき話したとおり瞑想は自我の意図によって生まれるものじゃない。『空』からの働きかけによって起こるものなんだ。

僕がこれから君にすることは、まさに「君」の意図の及ばないところからの働きかけなんだ。

舎利子　うわ〜！　なんだかすごそうですけど……、それ、マジですか？

観自在　うん。自分でこう言うのもなんだけどね、嘘偽りなし。すごいでしょ。

舎利子　す、す、すごすぎです！

《即説呪曰《そくせつしゆわつ》》

観自在　じゃ、「さとりを促す真言」、言っちゃうよ〜！

舎利子　はい！　よろしくお願いしますっ！

《羯諦《ぎやてい》　羯諦《ぎやてい》　波羅羯諦《はらぎやてい》　波羅僧羯諦《はらそうぎやてい》　菩提薩婆訶《ぼじそわか》》

観自在　ガテー・ガテー・パラーガーテー・パラソーガテー・ボディース

ヴァーハ！

《エピローグ》

そんな一連の流れが終わった、ちょうどそのころ。長らく深〜い瞑想に入っておられたお釈迦様がようやく目を開き、二人へ視線を送りました。

観自在　あ！　お帰りなさいませ、お釈迦様。

お釈迦様　観自在くん、お話ししてくれてありがとうね。

観自在　いえっ、とんでもないッス！　で、いかがでしたか、僕の説明は。あんな感じでよろしかったでしょうか？

お釈迦様　あぁ。そりゃもうバッチリさ。グッジョブ！

さて、ここにお集まりのみなさん。いま観自在くんがお話ししてくれたことは、理解できただろうか。彼はまさに、私の伝えたいことを明確に代弁してくれました。そんな彼に、大いなる感謝の意を示しましょう。しかしそれは、単に拍手を送ればいいということではありません。

彼が伝えてくれたことを君たちが理解し、それによって目覚めてくれるそのことこそが、最大のお礼となるでしょう。君たちに、大いなる祝福がもたらされますように。

《般若心経《はんにゃしんぎょう》》

と、いうことで。少々長めのお話になってしまいましたが、いかがでしたでしょう、黒斎流 超訳『般若心経』。

このお経の現代語訳・解説書は数あれど、これほど本質を突いて説明できていたものは、いまだかつてないのではないかと思えるほどの完成度と自負しているのですが（↑「僕としてはこう思う」と言うこのことこそが、いまだ分離意識にとらわれている、何よりの証拠です）。

雲 黒斎

あなたがあなたとして存在しているそのことが、あなたの使命です。それ以外に、あなたに課せられた役目などありません。ですから、どうぞあなた以外のものになろうとしないでください。

いいね！・コメントする・@un_kokusai on Twitter・シェア

第6章

人生という名のスクリーン

「いまここ」「パワー・オブ・ナウ（いまの力）」「ナウ・アンド・ヒア（いまそしてここ）」などなど。

昨今の精神世界では国内外を問わずたくさんのマスターやメッセンジャーが、さまざまな形で「時間は幻想である（過去と未来は想像の産物でしかなく、実際は『いま』しか存在しない）」というメッセージを伝えています。

「時間が幻想？」そんな、精神世界の中でもうまく飲み込めないことの一つであるこの話を、雲さんもさまざまなアプローチを通して、繰り返し教えてくれました。

ということで、この章ではエピソードの一つをご紹介したいと思います。

よし黒斎。今日は「時間」について話をしよう。

「はい、よろしくお願いします」

多くの人は「過去も未来も存在しない。時間は幻想である」と聞かされても、「そんな、バカな」と聞き入れてくれない。「そういうものだろうか」とあらためて思案してみることも少ない。

「そうかもしれませんね。この言葉の指す意味が『あぁ、そういうことだったのか！』と腑《ふ》に落ちるまでには、僕もだいぶ時間がかかったし、あらためて思案するといっても、何をどう考えればいいのかわからないぐらい、観念が凝り固まってますからね」

うんうん。でも、人がどのようにとらえていようと、実際にはやっぱり「いま」しか存在していない。

「そうなんですよね。いまとなってはよくわかるけど、以前はさっぱりピンとこなかったからなぁ、ってほら、こうして話しているいまも『以前』なんて単語が出てきてしまうし（笑）。言葉にしちゃうとツッコミどころが満載なんだよなぁ、時間の話って」

いや、時間の話のことに限ったことではないよ。「言葉」というのは諸刃《もろは》の剣。便利なようで、たくさんの誤解のもとともなっている。

言葉は「指し示すもの」であって、決してその「本質にあたるもの」ではない。また、実在していない架空のものでも言葉としては存在する場合がある。「言葉＝実在」ではないということをしっかり押さえておかないと、簡単に幻想に取り込まれてしまうね。これも大事なポイントの一つだ。

「過去」も「未来」も、言葉としては存在するが、実在するものではない。

「過去も未来も存在しない。気づいてみれば至極当たり前のことなんだけど、そんなふうに考えたこともありませんでしたからね。僕も雲さんに『一晩寝て、目覚めて、〝明日になっていた〟という経験があるかね？　〝まわりのみんなは今日に存在しているのに、どうして僕だけ昨日なんだろう？〟という経験をしたことがあるかね？　〝いま〟以外に存在できたことがあるかね？』と言われたときは、本当にハッとしましたもん」

　こうも話したね。『過去』があるのではなく、「記憶」や「記録」がいま存在しているのだと。『未来』があるのではなく、「希望」や「予測」「恐れ」などがいま存在している、と。

　あらゆる存在は、「いま以外」に存在することはできない。だからこそ、「過去」「いま」「未来」の三つは、一つの直線的な流れとしてとらえられるものじゃないんだ。

「ん？　そこ、もう少し詳しくお願いします」

「いま」はリアリティの世界にあるから経験することができる。その中に存在することができる。

しかし「過去」と「未来」は概念の世界（実在しない世界）にあるものだから、経験することも存在することもできない。「いま」と「過去・未来」は、もともと存在する次元が違うんだ。異なる次元のものを一つの流れの中で解釈しようとするところに誤解が生じてしまう。

「んんん？　どういうことです？」

では、図を用いて説明してみよう。

一般的な時間のとらえ方は、「過去」から「未来」へ向けての直線的な流れだよね。で、その直線の中、「過去」と「未来」の間に「いま」がある（A図）。

しかし、先ほど話したとおり、「いま」と「過去・未来」は、存在する次元が違う。「いま」は体感できるが、「過去・未来」は体感しようがない。また逆に、「過去・未来」は思考する（思い出す・想像する）ことができるが、「いま」を思考することはできない。概念的に「いま」をつかもうとしても、それはすぐに過ぎ去ってしまうからね。

つまり、「いま」は『体感（リアリティ）の次元』、「過去」と「未来」は『思考（マトリックス）の次元』といえるだろう。それともう一つ。「過去」と「未来」はどちらも『思考の次元』にあるが、それでも同軸では語れない。よし黒斎、ここらで思考実験だ。それを実際に経験してみようじゃないか。

「思考実験？」

考えてみてほしい。「過去」と「未来」を同時に思い描くことは可能だろうか？

「過去と未来を同時に……。いや、できませんね」

だろ。この二つは「頻繁に往復する」ことはできても、「同時に思い描くこと」はできない。つまり、この二つも同軸では語れないということだ。これまでの話をまとめると、こういう形（B図）になる。

思考の流れは二つある。「いま、過去（記憶や記録）を参照する」という流れと、「いま、未来（予測や恐れ）を思い描く」というものだ。そして「時の流れ」という概念は、この枝分かれした二つの間を結んで生まれる。時の流れは、思考の次元内においてのみ存在するもので、そこに「いま」は含まれない。

意識が「いま」というゼロポイントと完全に一致していると、「時の流れ」は消失する。その意識状態が、いわゆる「さとり」と呼ばれるものだ。

「はー！　なるほど」

《A．一般的な時間のとらえ方》

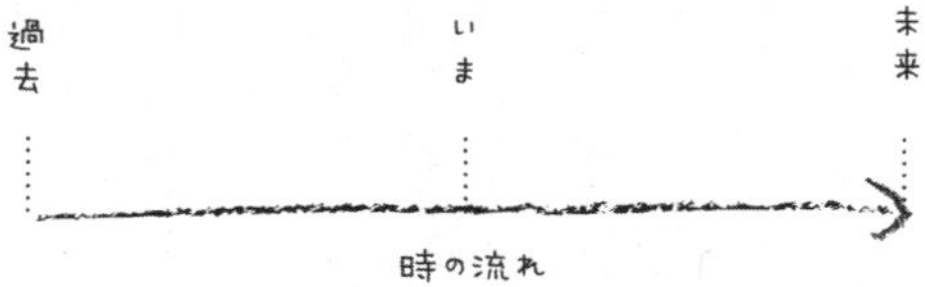

※「過去」「いま」「未来」が同一線上に存在している。

《B．雲さんの時間の解説》

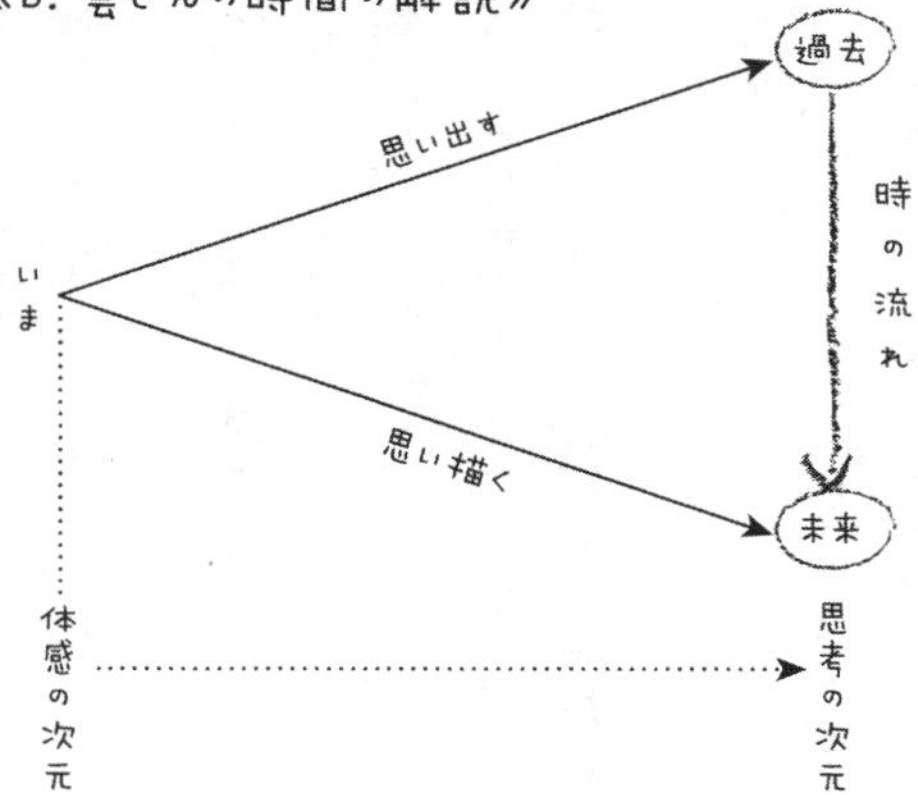

※「いま」は体感の次元にあり、「過去」と「未来」は思考の次元にある。
「時の流れ」は思考の次元内においてのみ存在し、「いま」は含まれない。

時間というものは、さまざまな言葉に置き換えが可能だね。たとえば『過去』は「原因」や「始まり」「誕生」などに、そして『未来』は、「結果」や「終わり」「死」など。

前章で話したような、「出来事や状況に関する意味づけ」というのは、この「時の流れ」の中に描いたストーリーだ。

「こういう過去があるから、未来はこうなるだろう」といった予測や、「理想とする未来のためには、こういった原因が必要だ」といった計画などだね。人の「思考」は、無意識に「時間」という縛りを受けながら行われている。

「つまり、『いま』に帰ると、過去や未来（断片的に切り取った事象に対する意味づけ、それによって生まれたストーリー）にとらわれることなく、本当の意味で『いまを生きる』ようになるということですね」

そのとおり！

「いまを生きる」というのは、「まじめに生きる」ということでも、「勤勉に生きる」ということでも、「誠実に生きる」ということでもない。観念によって固められた世界から脱して、あるがままの世界を生きるということだ。

その意識状態が身についていくほど、人生は因果を超えて大きく変わり出す。

「因果を超える？　どういうことですか？」

文字どおり、「原因と結果という枠を超える」ということだよ。

いいかい？　さっきも話したけど「原因」も「結果」も、「時間」という概念の中にあるだろ。「時の流れ」という概念が崩壊すると、同時に「（概念上にある）原因と結果の法則」が崩壊するんだ。だから、過去の出来事の解釈や意味づけが変われば、それに伴って未来の見え方も変わってきてしまう。

よし、ここで、先ほどのB図にもう少し書き加えるとしよう。それは、時の流れという縦軸、意識のポジションを示す横軸に次ぐ、「概念」というデータベースの蓄積量を示す、奥行きの軸だ。

ピラミッドを横に倒した状態だと思ってくれればいい（C図）。

「概念の量って何ですか？」

「これはこれ、それはそれ」などといったさまざまな意味や価値、定義のことだよ。

人は、「時の流れ」という感覚と、自分が保有する概念を組み合わせてオリジナルのストーリーを紡ぐ。それが、「思考の次元」において一枚のスクリーンになっているんだ。これがおまえたちが「世界」と呼んでいるものだね。

現象界に訪れてすぐのころはみな、「いま」の意識状態にあるが、年齢を

《C. 人生という名のスクリーン》

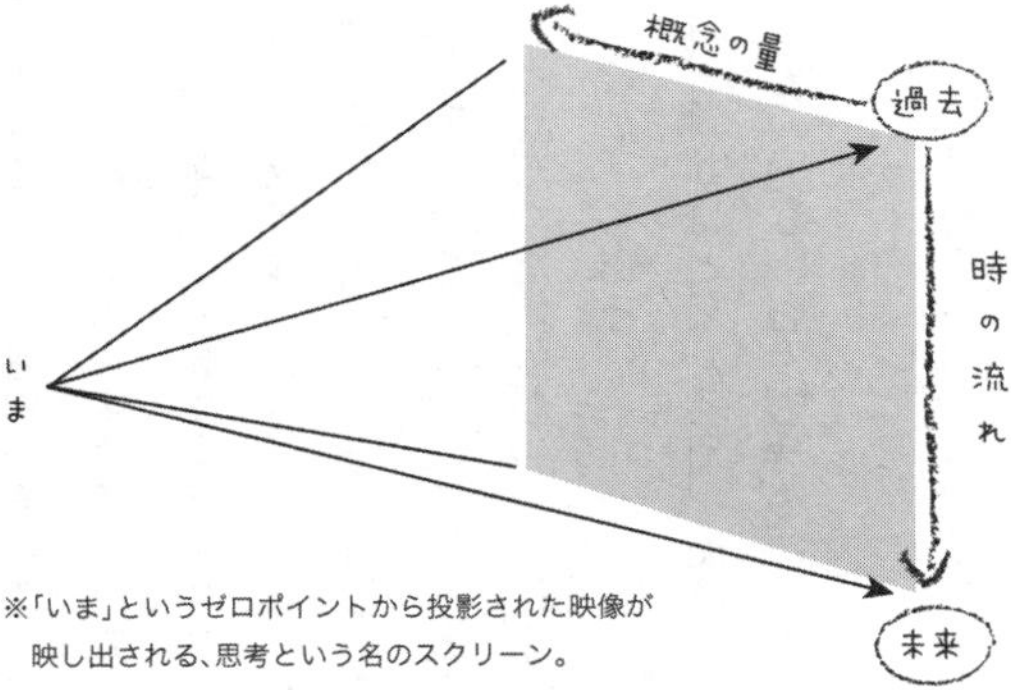

※「いま」というゼロポイントから投影された映像が
映し出される、思考という名のスクリーン。

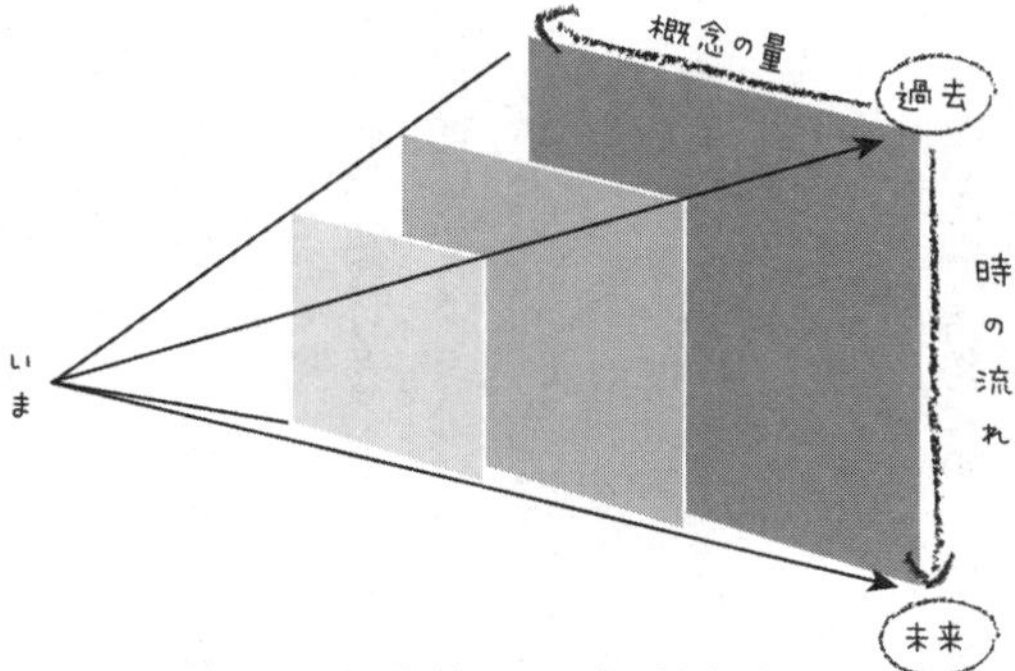

※幼いころは、自分を取り巻く世界(スクリーン)は小さかった。
年齢を重ねるにつれ、時間感覚と概念の量が増え、それに伴い世界が広がる。

重ねるにつれ、時間の感覚が延びていく。自分が生きているという認識もあるし、より遠い未来を思い描くことができるようになるからね。

そしてまた、その人生経験の積み重ねによって、さまざまな概念が蓄積されていく。年をとるにつれボキャブラリーは豊富になり、さまざまな意味や価値を見いだすようになる。

自分が幼かったころを思い出してごらん。自分を取り巻く世界（スクリーン）はとても小さかっただろ？　本当に目の前にある、自分がふれられる世界が、世界だった。しかし、それは同時に「いま」に近い意識状態にあった、ということでもある。

では、現状はどうだろう、時間の感覚と概念は圧倒的に増え、実際に自分の目で見ていないものも含めた世界が広がっているね。

「たしかに幼いころの世界は狭かったし、株価や国際情勢に頭を悩ませている幼稚園児にも会ったことないもんな（笑）。雲さんが言うとおり、自分が経験している身の回りだけが自分の世界だった」

大人よりも子供たちのほうが、よりリアルな世界「いま」に近い次元を生きることができているということだね。

しかしだよ、かつておまえがそうであったように、子供たちはこう教育される。

「おまえの見ている世界はまだまだ狭い。井の中の蛙《かわず》にならぬよう、もっと大きな世界を知りなさい」と。そして、経験を伴わない「情報」も大量に与えられ、スクリーンは拡大された。

「まぁ、たしかにそのとおりですね……」

そしてまた、こんな経験があるだろう？

おまえが娘を叱《しか》りつけたときのこと。ああだこうだと説教した直後、さっきまでシュンとした顔を見せていたはずの彼女が、次の瞬間にはケロリとして、嬉々《きき》とした表情を浮かべて遊んでいる。

それを見たおまえはムッとして再度声を荒らげたね。「コラー！　ちゃんと俺の話を聞いていたのか！　まるで反省の色が見えないじゃないか！」と。

「しょっちゅうですね、それ（笑）」

「反省の色を見せろ」というおまえの要請は、裏返せば「過去を引きずる態度をとりなさい」ということでもある。彼女はそこで同じ過ちを犯したわけではないだろ？　ただ、瞬時に気持ちを切り替え「いま」を生き出しただけだ。

「あ……（汗）」

自我はそうやって、他者を自分のいるスクリーンの中、思考の次元へと招き入れようとする（「自我」は「思考の次元」にしか生きられないから当然といえば当然だね）。

もちろん私だって、「大きな世界をとらえること」に異を唱えるつもりはない。視野は狭いよりも広いほうがいいだろう。が、本当に大切なのはそこではない。重要なのは、そのスクリーンを、どこから見ているかということだ。

「どこから見ているか……」

意識がどこにあるか、と言い換えてもいい。

そのスクリーンの大きさが大きかろうが小さかろうが、意識がスクリーンの中（思考の次元）に位置しているのであれば、幻想を現実だと誤認した中で生きていることになる。スクリーンの中にいたら、その全体像など、見られるはずがない。

テレビを見るときに、顔を画面にぴったりつけて見たらどうなるかね。近すぎると、そこに何が映っているかなんて把握できないじゃないか。画面が大きいならなおのことね。

この状態では、どんなに世界観を拡大しても、宝の持ち腐れだ。

意識がスクリーンの次元にとどまっているかぎり、人生を俯瞰《ふかん》する余裕など生まれない。離れて見ることによって、初めてスクリーン全体を把握できる。

「どうするか（行動指針）」よりも「どうあるか（意識の立ち位置）」のほうが大事だぞ、といつも話しているのは、このことなんだ。

何かを成し遂げたいとき、願望の実現を望むとき、その起点をスクリーンの中に求めても、見つけ出せはしない。創造の起点は必ず「いま」にある。そこにしかない。

「いま」というゼロポイントは、スクリーンに映像を投影する起点、プロジェクターのようなもの。

プロジェクターからスクリーンに映し出された映像は、「スクリーンの中」からは書き換えができないだろ？　映画を見に行って、登場人物が「こんな状況はまっぴらゴメンだ」と、問題解決のためにスクリーンの外に出てフィルム交換をした、なんてことはありえないだろう？

だからといって、「じゃ、スクリーンの外へ出られるように」などと努力をしてはならない。映画やドラマの登場人物が、画面の外に出てくることがないのと同じ。それができるのは映画『リング』の貞子だけだ。

スクリーンの外へ出る努力なんて必要はない。そうではなく、そもそも自分はスクリーンの中にはいなかった、という事実に気づきなさい。常に真我は「いま」とともにあり、そこから離れたことなど一度たりともないということに気づきなさい。

ただ、自分というものを、スクリーンに見えるキャラクターに重ね合わせていただけなのだから。

「いま」へ戻ったとき、おまえの人生は時間や因果（計画）を超えて、瞬く間に好転を迎えることだろう。

現実創造の起点は「時間（思考）」の中ではなく、「いま（現実）」の中だ。そこでなら奇跡を受け入れやすくなる。だからこそ、「いまとともにある」という状態へ帰りなさい。


「いまとともにある……。それは、どうやって？」


だから！　何度も話しているじゃないか。意識を「思考の次元（幻想世界）」から「体感の次元（現実世界）」に合わせるんだよ。

いいか？　それは「考えないようにしよう」ということではないぞ。「考えないようにしよう」というそれがすでに「考え」だからな。

そうではなく、単純にフィーリングの世界に移行すればいい。五感を研ぎ澄ませて「感じる」ことに帰るんだ。

そうだ。おまえにもこういう経験があるだろう？　悩み事や心配事、そんな考え事をしているときは、料理の味わいがちゃんと感じられなくなるようなことが。

場合によっちゃ完食後、その味どころか、「あれ？　いま何を食べたんだっけ？」って、献立すら思い出せないなんてことが起こる。意識が「思考」へ偏るとフィーリングが薄れてしまうんだ。

逆に、ものすごくおいしいものを食べているとき。その料理を「味わう」ことに専念したら、自然と考え事ができなくなっていくだろ？

わざわざ「思考にとらわれないように」なんて努力しなくたって、「感じる」ことでおのずと「いま」に帰ることはできるんだ。

おまえはもともと「いま」に存在している。そこから離れたことはない。そこ以外に存在したことなどないんだ。ただ、その自覚を失っていただけ。

「いま」にある自分を感じなさい。
人生におけるあれこれを考えるより、いまを味わいなさい。

雲 黒斎

ヾ(｀д´;)ノ「そんなの、どう考えたって無理だよ！」

(￣Д￣)『バカだなぁ。考えるから無理になるんだよ』

いいね！・コメントする・@un_kokusai on Twitter・シェア

第7章

意味と価値のありか

ある日、シャーロック・ホームズとワトソン博士がキャンプに出かけた。

二人は光り輝く満天の星の下、テントを張って眠りについた。

まだ暗い時間に、ホームズがワトソンを起こした。

「ワトソン君、上を見て君の推理を聞かせてくれたまえ」

ワトソンは眠い目をこすりながら、ちょっと考えて答えた。

「……無数の星が見える」

「だから。そのことから何がわかるかと聞いているんだ、ワトソン君」

「この大宇宙には何百万もの銀河と、おそらくは何十億もの惑星がある。占星学的にいえば、土星が獅子座《ししざ》宮に入っている。測時法でいえば、いまはだいたい午前三時十五分だ。神学的にならば、神は全能で、僕たちはちっぽけで取るに足らない存在だ。気象学的には、たぶん明日はよい天気だろう」

「バカ！　僕たちのテントが盗まれたんだよ！」


（イギリスのウェブサイト「Laugh Lab」の World's funniest joke より）

あ、どうも。そこはかとなくインテリジェンスを醸し出す、知的ジョークとともにこんにちは。匂《にお》い立つ知性の泉こと、あなたの黒斎です。

はてさて、冒頭のワトソン教授に限らず、あれこれの知識や教養にはあふれているものの、その実一番大切なものは見落としている、というのはよくある話。

僕たちは日々、自分の目の前にあるものを疑うことなく「現実」ととらえ、そしてそれが「リアル」なものとして生活していますが、実は、これが大間違い。僕たちが主観的に認識・経験しているアレコレのほとんどは、実は幻想やフィクションなのです。

それがいくら「本当のこと」に感じられようと、何の違和感もなかろうと、あなたが認識しているその世界は、あなたの手によって創作された想像上の世界であり、「あるがまま」の世界とは、まるで別物なのです。

え？　「そうやって偉そうに語るおまえはどうなんだ」って？

そりゃあなた、僕にはしっかり「あるがまま」が見えていますよ……と、言いたいところですが、実は僕にもできてません。いまだどっぷりフィクションの世界に生きております。

が、しかし。僕に「あるがままが見えていない」「フィクションの世界に生きている」という自覚がある分、以前よりはずいぶんマシです。現にその気づきで、僕の人生はとても豊かで円滑なものへと変わりました。

と、いうことで。今回は、そこらへんのエピソードをご紹介したいと思います。

……。

なぁ黒斎。ちょっと辞書を引いてくれるか。

「え？　今度は何を企《たくら》んでるんです？」

「企んでる」だなんてずいぶんな言い方だな。まぁ、いいから。今日はね、「フィクション」を検索してほしいんだ。

「フィクションですか？　えーと……こんなん出ましたけど」

【フィクション（fiction）】
架空の物事。架空の出来事・人物・舞台を設定しようとする試み。そこで繰り広げられる物語を創作しようとする試み、その成果物である設定、及びでき上がった創作作品のことを指す。
ラテン語の「作られたもの」を意味するfictioを語源とし、現実ではないもの、虚構、絵空事、作り話など、創作・捏造《ねつぞう》されたものや想像上のものを指す。

うんうん。そう、まさにこれなんだよ。

「え？　何がです？」

自我の特性のことだよ。

自我はあらゆる物事に意味や価値をつけるのが大好きなんだ。どんなものでも「そのまま」にはしておけない。何かと決めつけようとしてしまう。

「何か」を「何か」として把握したり、その定義を誰かと共有するためには、意味や価値が必要になるからね。

その「定義」が揺らがぬよう、その意味や価値を他のものと関連づけて一つの物語をつくるんだ。まさに「架空の出来事・人物・舞台を設定しようとする試み」だな。

アレはアレ。コレはコレ。

アレ＋アレは喜びで、アレ＋コレは悲しみで、コレ＋コレは怒りで……というふうに。

そうやって書き上げられた意味と価値の集大成、物語の一つひとつが、人間が「人生」と呼んでいるものなんだ。

だからこそ、人生には苦がついて回る。

おまえだけではない。ほとんどの人間はフィクション（現実ではないもの、虚構、絵空事、作り話など、創作・捏造されたものや想像上のもの）を「現実」だと勘違いしたまま生きているからね。

その勘違いが、人生における不自由さや窮屈さ、また、苦しみを生んでいるんだ。


「あぁ、そういう話ですか。最近の精神世界コーナーにある本なんかでもよく目にするようになってきましたね。『ありのままをとらえよう』っていうやつですね」

たしかにそうなんだがね、人は虚構をとらえることに慣れすぎているから、「ありのままをとらえよう」ってスローガンを抱えても、そう簡単にとらえられるものじゃないんだよ。

だからね、最初のうちは「ありのままをとらえること」ではなく、逆に、「ありのままがとらえられていない」という自覚をもつことから始めたほうがいい。

「じゃ、その自覚を得るには、どうしたら？」

「自分が見ている現実が、誰にとっても同じ現実であるとは限らない」という態度で生活してごらん。そうすればおのずとわかってくる。

意味や価値が「そのもの」にあるのではなく、それをとらえている人によって与えられているということにも気づくはずだ。

「んんん？　どういうことです？」

ありとあらゆるものが、意味も価値もないってことだよ。

「わお！　またとんでもなくアナーキーな発言ですね（笑）」

だってそうだろ、意味も価値も、そのときどきで簡単にひっくり返ってしまうものじゃないか。

水一つとったってそうさ。

あの震災のときのことを思い出してごらん。放射能漏れの報道があった直後、何が起こった？

「あぁ。都内のスーパーやコンビニから、一気に水が消えましたね」

そう。状況の変化や心境の変化、それによって、「水の価値」が一気に変わったよね。これは、価値が「水」の側にあるのではなく、それをとらえている人によって与えられているということだよな。

後はそうだな……たとえば、だよ。黒斎。世界には、何人のおまえが存在するだろう？

「え？　何人って……そりゃ、一人、じゃん？」

そのとおり。実在するおまえは一人だ。しかしだよ、おまえのブログのコメント欄を見てごらん。そこには、幾通りもの黒斎が存在しているんだ。やさしい黒斎、怪しい黒斎、おもしろい黒斎、偉そうな黒斎、正直な黒斎、嘘《うそ》つきな黒斎、軽薄な黒斎、愛のある黒斎、愛のない黒斎、かわいそうな黒斎、幸せな黒斎、必死な黒斎、ひたむきな黒斎……たくさんの人が、それぞれの「黒斎像」をもち、「そのイメージと結びついたおまえ」を見ている。

実在する黒斎は一人でも、Aさんが見る黒斎と、Bさんが見る黒斎は、同じではない。さらに、おまえ自身がもつ「自己イメージ」もまた別だ。みんながみんな、「自分にとって」の黒斎を見ている。

つまり、あらゆる意味や価値は、「そのもの」に付随しているのではなく、それをとらえている人に付随しているということなんだ。

そのイメージの形成には、二通りの流れが考えられる。

一つは、まず、あるものを見て、それから、自分の経験則に基づいて（過去のデータとの比較・検証などを通して）つくり出したイメージ。

もう一つは、あらかじめかかわり方が準備されている状態（先入観）からのイメージ作成。受け入れようという気持ちで向き合うのか、警戒しながらかかわるのか、それによって印象にも違いが生まれる。対峙《たいじ》するときの態度によって「何をとらえようとしているのか」が異なるから当然といえば当然だ。

経路はともかく、人は自分で解釈できる方法でもってしか、世界を認識できない。

だからこそ、同じものを目の前にしても、その印象に違いが現れるんだ。

古くから「その花が美しいのではなく、その花を美しいと思えるあなたの心が美しいのだ」などと語られているとおりだ。

もし、意味や価値が「そのもの」に付随しているのであれば、誰にとっても同じ意味や価値になるが、そのような絶対的・普遍的な意味や価値をもつものは、この世に存在しない。

「う〜ん、そうかなぁ。誰にとっても同じ意味や価値になるものだって、あるんじゃない？」

じゃ、そう思うものを具体的に挙げてごらん。

「たとえばさ、『誰かが死ぬ』ということ。雲さんがいつも話すように、死が幻想で、実際には死なないのだとしても、人間の多くはその死を恐れ、そしてまた、誰かの死を悲しみをもって見つめている。これは僕だけじゃなく、全世界共通の認識だよね？」

おいおい、そんなわけないだろ。「死」そのものには意味も価値もないよ。

「え？」

だってそうだろ。「死」の側に意味や価値があって、それが誰にとっても同じ「悲しみ」として認識されているのだとしたら、誰が死んでも、みんなの反応は同じになるはずだ。

と、いうことは、ニュースを見るのもままならなくなってしまうじゃないか。おまえは報道で、知らぬ誰かの死を知るたびに、悲しみに打ちひしがれているのかい？

「あ、いや、そんなことはないですね」

だろ。

そういう思い込みによって、無自覚なうちに物語が形成されていってしまう。

そして、大きな流れやつながり（スクリーン全体）を見ることなく、ある限られた一部分だけをとらえて、そこに無理やり意味をつけるから、本質を見落としてしまうんだ。

「あ、すみません。いまの『ある限られた一部分だけをとらえて、そこに無理やり意味をつけるから』ってところ、もう少し詳しくお願いします」

いや、別に難しい話なんてしてないんだから、もう少し柔軟に聞いてくれよ。

人はみな、本来一つである存在を、無理やり無数のものに分けてとらえようとしてるってことなんだ。

あらゆる事物をバラバラに解体している。

それは「物」に限った話ではない。「時間」もまた、「その一部だけを切り取ってそこに意味をつけようとしてしまうんだ。

いいかい、たとえばだよ、ある男性（Aさん）が交通事故にあったとしよう。

ある日、Aさんは歩行者として青信号を渡っていた。そこに飲酒運転をした車が信号無視をして突っ込んできたんだ。その事故によってAさんは数メートル空を舞い、その後コンクリートにたたきつけられ負傷。すぐさま救急車で病院へ運ばれた。さて、Aさんにとってこの事故は「幸運」だろうか、「不運」だろうか。

「そりゃ言わずもがな、不運でしょう」

なぜ？

「な、なぜって……。だっていまの話だと、Ａさんには何の落ち度もないじゃないですか。ただ横断歩道を歩いていただけですよ。一方的に交通法違反の車に巻き込まれて重傷を負っちゃったんだから……」

だからＡさんは不運だと？

「だってそうでしょう。雲さんは僕にこう聞いたんですよ。『Ａさんにとってこの事故は幸運か不運か』って。だとしたらやっぱり不運ですよ。たとえこれが『物事のとらえ方の問題』だとしてもですよ、『死んでも不思議ではない事故にあったものの、奇跡的に一命をとりとめ、すぐさま病院へ搬送されたことは幸運に値する』なんていう話じゃないもの。事故に遭遇したこと自体が不運だよ」

ほう。そうかね。

「僕、なんか変なこと言いました？」

では話を続けよう。

実はAさん、この事故にあう前から、長きにわたりある願い事をしていたんだ。

「何です？　ある願い事って」

Aさんはね、「素敵なパートナーとの運命的な出会い」を望んでいたんだ。

そして、ついに運命の人と思える女性に出会ったんだよ、搬送先の病院で！

そりゃもう、とにかくAさん好みの素敵な看護師さんでね。Aさんは一目でメロメロになった。

その看護師さんも一生懸命リハビリに励むAさんを見ているうちに心を打たれてね、二人は恋に落ちるんだ。で、Aさんの退院後、二人は電撃結婚をするんだな。

さて、Aさんにとって、この事故は「幸運」だろうか、「不運」だろうか。

「……そ、そうきますか」

答えになってないぞ。もう一度聞こう、Aさんにとって、この事故は「幸運」だろうか、「不運」だろうか。

「幸運、ですね……」

なぜ？

「えー、また!?　いや、なぜって、そりゃぁ、だって、ねぇ。たしかに痛い目にはあったかもしれないけど、そのおかげで運命の人と思える異性と出会い、結婚するに至ったわけだから……。この事故はまさにその運命的な出会いをつくるきっかけとなったことになりますよね」

だから「幸運」だと？

「……僕、やっぱり変なこと言ってます？」

さらに話を続けよう。

そうして新婚生活を迎えたAさんだったが、ある日のこと、その奥さんが多額の借金を隠していたことが発覚。そして、事あるごとに二人の趣味がかみ合わないことがわかってきた。

「あー、電撃結婚なんてするんじゃなかった。結婚するなら、もう少しつきあいを深めてからにすればよかった」と、そんなことを考えるようになってきたんだな。

さて、Aさんにとってこの事故は……。

「やっぱり不運、いや……わからなくなってきた」

何言ってるんだよ。私は最初から話の種明かしをしてたじゃないか。

「最初から？」

言っただろ、事物そのものには、意味も価値も存在しないと。それをとらえるその人によって、意味や価値が与えられていると。

「いや、だけどさぁ……」

こうも言ったよ。「大きな流れやつながりを見ることなく、全体の中のある限られた一部分だけをとらえて、そこに無理やり意味をつけるから、本質を見落としてしまう」と。

「な、なんだかなぁ……。話としてはすごく納得できたけど、別な意味で釈然としないなぁ」

………。

と、いうことで。

それがうれしいことであれ、悲しいことであれ、僕たちは何かを目の前にしたとき、前後関係が断たれた「限られた事物・区切られた時間の中」に意味や価値を見いだそうとしてしまいます。が、本当は、そこには意味も価値もありません。ただ単に、そうだったのです。

これは、反転すると、このようにいうこともできます。

現実に対してどのような意味や価値を付与するかは、すべて自己責任であり、また、そこには第三者が決して踏み込むことができない、絶対的な自由がある、と。

精神世界では『世界は、自分の心の投影である』『世界は、すべて自分の思いどおりに形づくられる』『思考は現実化する』なんてことが頻繁に語られますが、気づいてしまえば、それはとてもシンプルで明快な事実だったりします。

だって、あらゆる意味や価値は、対象にではなく、僕たちのとらえ方にあったのですから。

とにもかくにも。自分の人生経験や生活習慣の中で身につけた固定観念（あらゆる決めつけ）は、想像以上に自分自身の自由を奪う足枷《あしかせ》となっています。

もしいま、あなたの目の前に障害があるならば、それはあなたの固定観念を指摘してくれるシグナルなのかもしれません。

雲 黒斎

ありとあらゆるものに「意味」や「価値」を与えているのは自分自身なのだと気づいたら、そこから人生の意味や価値を書き換える自由を得ることができる。

いいね！・コメントする・@un_kokusai on Twitter・シェア

第8章

「うつ」にまつわるエトセトラ

トークライブでの自己紹介。僕が自分の身に起こった出来事をお話しする際、避けて通れないのが、「セロトニン欠乏による記憶障害」という、一種の「うつ」に近い状態に陥ったことです。

何かとお話しする機会も多いものですから、そのせいもあってか、「うつ病」についてのご相談をいただくことが多いんですね。で、前著でもお話ししてきた話題ではあるのですが、最近またとくにご相談件数が増えてきましたので、あらためて、僕の思うところをお話ししたいと思います。

ただ、前著でもお話ししましたが、僕は医療の専門家ではありません。〝患者〟という経験の側(しかも怪しげ)からのお話になりますので、まずはそのことをご了承ください。

最初に、今回のテーマの結論からお話ししますと、「自分に対する素直さ」が、正常に発動されさえすれば、うつは簡単に治ります。

これは、「『素直さ』の発動を阻害しているカルマ(思い込み・固定観念)

から離れることができれば治る」というふうに言い換えることもできます。

このカルマの正体は、実は、その人がもっている「やさしさ」や「正しさ」という観念なんです。

つまり、自身が大切にしている「やさしさ（という個人的に保有している観念）」を手放さないかぎり、回復は難しい、ということ。

うつ病から脱することの難しさは、ここにあります。

誰だって、自分のやさしさを放棄したくないですからね。やさしい人なら、よけいに手放したくないでしょう。

「やさしさ」を手放す。

そう聞いたいま、たぶん、相当な抵抗や疑問を感じられていると思います。

多くの人は、「そんなことをしていいのだろうか？」という反応になると思います。

ここ、注意して聞いてください。

僕が手放すことをオススメしているのは、「愛から発動されるやさしさ」

ではなく、「観念として保有されているやさしさ」のことなんです。

わかりづらいでしょうから、少しずつ、ご説明していきます。

まずは、「うつ」という症状の原因から。

一般的にいわれるように、この症状の引き金は「ストレス」です。

で、そのストレスのもととなっている事柄や環境を改善したり、それが難しければ、その環境から離れるなどの対策を通して回復を試みようとしたりします。

もちろんそれが意味のないこととは言い切れません。でも本当は、そういうことではないんです。

たしかに、ストレスが発端となって、「うつ」という症状が顕著となりました。だからこそ、そのストレスを軽減させるということは、理にかなっています。

でも、その「ストレスが生じている原因」を、間違ってとらえているんです。

ストレスを発生させている原因は、事柄や環境の中にあるのではないのです。

だから、その事柄や環境が改善されたり、離れることができたとしても、根本的な解決にはならない。

「本当の原因」が改善されていないから、一時的に症状が緩和されたとしても、再発してしまう可能性が残ってしまいます。

ここは勘違いしないでくださいね。

僕は何も、「その事柄や環境を改善するな（理不尽な環境に甘んじていろ）」とか、「その環境から離れるな（ストレスの原因と闘え）」という話をしているわけではないんです。投薬治療も否定しません。

ただ、「そのことによって、根本的な原因が解決されたわけではない」と言っているだけなんです。

環境の改善や、距離を置く、抗うつ剤を服用するなどの対応は、それはそれでたしかに症状の緩和につながります。だからこそ、その症状が緩和されたときに、「根本的な原因」に目を向けてほしいのです。

では、その「根本的な原因」は何なのでしょうか。

それが、冒頭にお話しした「やさしさという名のカルマ（誤解されて保有されている〝やさしさ〟の概念）」なんです。だから、うつになりやすい人には「いい人」が多い。

勤勉な人

几帳面《きちょうめん》な人

まじめな人

責任感の強い人

温厚な人

気配りのできる人
頑張りすぎちゃう人
頼まれたら断れない人

ご存じの方も多いことでしょう。右記は「うつ病になりやすい人の性格」としてメジャーなものの一例です。

でも、勤勉だから、几帳面だから、まじめだから、責任感が強いから、必ず「うつ」になるのかといえばそうじゃありませんよね。頑張り屋さんでも、頼まれたら断れない人でも、「うつ」と無縁な方は大勢います。

だから、「勤勉 ＝ うつになりやすい」ではありません。そうではなく、「勤勉＋カルマ（やさしさ）」となったときに、うつになりやすい傾向が表れ出すんです。

このカルマに影響されると、通常ならプラスに感じられる要素の数々が、勝手にマイナスに裏返り、それによって生じたストレスが顕在意識の中に蓄積され、症状として現象化されていく、という流れが生まれます。

どんな状況を前にしても、すべてが「マイナス」に転換されてしまうんです。

たとえばね、僕のときは、こんな感じでした。

僕の精神状態がおかしくなり出したのは、結婚が決まって間もなくのころ。仕事の内容が大きく変わったことと、不景気のせいで年俸が大幅にダウンしてしまったこと、それに追い打ちをかけるようにボーナスが見送られてしまったこと。それらを何とかしようとあがいてみても空回り。何をやってもうまくいかず、必死になればなるほどミスを連発。ストレス発散を言い訳に自暴自棄になり、「もうどうにでもなれ、堕《お》ちるところまで堕ちるがいいさ」とやりたい放題。その結果、自分が想像していたところよりも、ずっと奥深くにまで堕ちちゃって、取り返しがつかなくなっちゃった。

新婚ホヤホヤの僕のところにやってきたのは、バラ色の生活ではなく、泥色の悪夢でした。

そのうち僕が結婚前から隠していた多額の借金が発覚しちゃって、親族を巻き込んでの大騒ぎになっちゃったり。もうね、これでもかこれでもかっていうぐらい、悪いほう悪いほうへ進むのね（笑）。

そのころにはもう、ストレスを発散しようにも、金も時間も心の余裕もありゃしない。

というか、「この事態を招いてしまったのは自分のせい」という加害者意識もあるものだから、「ストレスを発散する」という発想自体が申し訳ないの。「そんなこと言える立場じゃないだろう」って、セルフツッコミしちゃうんだよね。

そんな状況がしばらく続くうちに、心の奥底のほうでは、どこか「これはもう、這《は》い上がれないところまで来てしまったかも」という気持ちが育ちはじめていました。

で、段々と何が何だかわからなくなって、空回りがひどくなっていく。

頑張ってるつもりなのに、結果が全然伴わない。結果が伴わないから、頑張ろうと思っても、何をどう頑張ればいいのかわからなくなる。そのうち自信もモチベーションもなくなって、ただただ不甲斐《ふがい》ない自分を責めるばかり。

「ごめんね、こんなダメ男で」

そうやってイジけてる半面、どっかに妙なプライドも残ってて。イジけたいんだか、威張りたいんだか。泣きたいんだか、怒りたいんだか。自分の思考回路が自分でわからなくなっちゃって、そのうち、「感情」というものが本当にわからなくなってしまいました。

生気が感じられない、妙に目のすわった無表情男の完成です。たぶん、まわりから見たら「こいつ、相当やられてるな」っていう印象だったと思います。

で、その被害を一番被っていたのは、やっぱり家《うち》の奥様で。

毎日毎日、旦那《だんな》がどんよりした真っ黒い空気を背負って帰ってくるのだからたまりません。

「何もしなくても、近くにいるだけで不快」「家に帰ってきてほしくない」

というのが、そのときの本音だったそうです。一緒にいると、その重たい空気に飲み込まれるって。

ホントだと思います。だって、僕も、思い出すだけで飲み込まれそうだもん（笑）。

そんなこんなで、そのままもつらいですからね。奥さんも、親も、兄弟も、そんな僕を何とかしようといろいろ救いの手を差し伸べてくれたんです。

いま思えば、本当にありがたいことなんですけどね。でもその当時は、そうやっていろいろされることが本当につらかったんです。やってもらえばもらうほど、プライドが傷つけられる気がして、悔しくて、悲しくて。

結果、よくなるどころか、自己卑下に拍車がかかることになってしまいました。

救いの手が差し伸べられると、「僕は、救いの手が必要なダメ人間なんだ」という気持ちが生まれます。「病院へ行け」という助言は、「おまえは、病院に行かなければならないほど、壊れているんだ」というふうに聞こえます。そして、そのことを認めたがらない自分が、そのすべてに拒否反応を示します。

で、まわりの言葉に耳を貸さなくなっちゃう。

でも、そっとしておかれると、それはそれで「あぁ、とうとう見放された」ってイジけるわけで。

あぁ、厄介……。

それこそそのとき、いろいろな本をプレゼントされたりもしたんです。『心が軽くなる◯◯』とか、『うつ病を知る◯◯』とか、まぁ、そういった系のものね。

でも、全然読む気になれません。頑張って読んでみても、まったく心が軽くなりません。

僕自身に、「人の手を借りる」とか「人の話を受け入れる」という受け皿自体がなかったから、結局何をしてもダメ。人は、自分を受け入れられない精神状態にあるとき、他人も受け入れられないのです。

「うつ」には、そういうあまのじゃくな特徴があるため、いわゆる「ポジティブシンキング」は、症状の改善につながりません。

むしろ、そういった「プラス思考」を取り込めば取り込むほど、それをそのまま「マイナス」に変換して取り入れてしまうことにつながるため、病状を悪化させてしまう可能性があるんです。

これ、どういうことかといいますとね、「提示されたプラス思考に取り組んでいるのに、いまだ改善されることのない私」「みんながアレコレしてくれているのに、そのやさしさにこたえられない私」という自覚だけが膨らんで、思考をポジティブに切り替えられない自分をどんどん責めてしまい、卑屈さに拍車がかかってしまうんです。

なので、この症状から脱するために必要なのは、「プラス（よいと思われること）」を増やすことでも、「マイナス（ストレスになると思われる状況）」から逃げることでもありません。

まずは、あらゆる状況を「マイナス」に自動変換して認識してしまう思考回路の存在に気づくことなんです。

自分の思考回路を変えようとはしないでください。ただ、その回路の存在に気づいてください。それだけで十分なんです。

もしかしたら、もうすでにその段階に入られている方も多いかもしれませんね。

どうあがいても、悪いほうにしか考えられない自分に嫌気がさしている。そんな状態です。

その段階であれば、次の理解、第二ステップに進んでみましょう。

うつ病の方が抱えている、ストレスの正体を明らかにします。

人によっては耳が痛いかもしれませんが、落ち込まないように、落ち着いて読んでください。うつで苦しんでいる人の心にあるストレスの発生源は、

「肥大化した自己卑下（罪悪感）」や「犠牲心」です。

そしてそれは、やさしさゆえに培われました。

たとえば。

「やさしさ」というカルマの一つの形、「怒ってはいけない」という思考に縛られている場合。

腹の立つ状況を前にしても、（やさしさゆえに）その怒りをあらわにすることを抑えます。人によっては、「忘れたことにする」という仕舞い込み方もあるでしょう。「悪いのは私のほう」と、無理やり変換することで飲み込む場合もあるでしょう。

いずれにせよ、そのことによって怒りという感情エネルギーが消えたわけではありません。

そのエネルギーは、そのまま、外側（外界）ではなく、内側（つまり、自分）に向けて流れてしまったのです。そして、内側へと向かったそのエネルギーが消化できなければ、その怒りは、そのまま心の奥底へと蓄積されることになります。

が。この「蓄積」が、大変なのです。「ただためておく」という簡単なものではありません。

怒りは、巨大な「動的エネルギー」です。その怒りが大きければ大きいほど、そのエネルギーは出口を求めて暴れ回ります。だからこそ、蓄積させておくには、その動きを「抑え込む」必要が出てくるのです。

それを抑え込むことができなくなり、外側に爆発してしまえば「暴力」や「殺人」などといった狂気に、内側で爆発してしまうと「自傷・自殺（外側に破壊的エネルギーが向かわないように、というやさしさが背景となる犠牲心）」などといった形で現れます。

外側へ向かおうとする感情を抑え込んでいると、僕たちの活動エネルギーはその部分に浪費されます。その分だけ、自分の行動力も抑制されてしまう。

そのことが、原因不明の疲労、モチベーションや気力の低下、不眠（思考の暴走）などにつながり、うつ症状をもたらしてしまうんです。

ここで一つ、お伝えしておきたいこと。

それは、「あらゆる感情は、無理に抑えないほうがいい」ということです。

もちろん、その中には「怒り」や「悲しみ」も含まれます（だからといって、まわりに当たり散らせばいいということではありませんよ）。

ただ、少しだけ、冒頭でお話しした「自分に対する素直さ」に目を向けてほしいんです。自分の中からわき出る衝動を抑え込まずに、一度、素直に感じてみる。怒りや悲しみなど、ネガティブといわれるものも避けることなく、ありとあらゆる感情を感じてみる。

実は怒りも悲しみも、外側から訪れるのではありません。生まれたときから
すでに内在しているものなんです。僕たち人間は、この現象界へ現れる際、たくさんの感情を抱えてやってきます。それらを人生の中で解放するために。

解放しようともってきたものを、「怒りを出してはならない」「悲しんではいけない」と、そのまま外に出さず心に閉じ込め、押し殺してしまうからこそ、ゆがみが生まれてしまうんです。

あなたを怒らせた出来事や、悲しませた出来事が、あなたに感情を与えたのではありません。それらの出来事は、もともとあなたの中にあった感情を、アウトプットするきっかけを与えたにすぎません。

ですから、その出来事がなかったとしても、解放する予定の感情が、心の中にあるならば、別な出来事が引き金となって、やっぱり怒ったり悲しんだりすることになるのです。

このことが理解できると、少なからず出来事に対する恨みはなくなっていきます。「加害者」に見えていた人が、「解放のきっかけを担ってくれた人」に切り替わります。そのきっかけづくりは、〝その人〟じゃなくてもよかったのですから。

感情解放のコツは、その感情にストーリーを持ち込まないこと。その気持ちに「理由」をもたせないことです。

誰かや何かを恨まず、また、自分自身も責めることなく、その感情の存在を認めること。

「○○だから、腹が立つんだ」と、苛立《いらだ》ちと状況を結びつけることなく、ただ、そこに怒りがあることを感じきること。誰かや何かに罪をなすりつけるのではなく、味わうこと。

叫ぶ、泣く、笑う。それらが素直にできるようになると、「心の運動不足」や「感情面での不感症状態」が解消され、エネルギーのゆがみは徐々に消えていきます。

さて、うつの原因となるのは、怒りや悲しみのエネルギーだけではありません。

もう一つの大きな要素に、「罪悪感」というものがあります。続いて、このお話をしてみましょう。

「うつ」という症状は、負の無限ループに入り込んでしまった際に起こる思考の暴走、また、それを超えたオーバーヒート状態といえます。

「もっと前進したい」という強い願望（認められたい症候群）と、「後退したい」という強い願望（自己卑下による責任回避衝動）が同時に現れている中で、その葛藤《かっとう》に苦しんでいるという状態。

そして、願望のベクトルが完全に逆になってしまっているがゆえに、結局、前に進むことも、後退することもできず、ただ停滞してしまっている。その「停滞」というどっちつかずの状態に、「結局何もできない自分」という罪悪感が上塗りされていきます。

認められたい症候群の人には、「自分の存在価値＝他者からの評価」というカルマ（思い込み）が根深く定着しているため、そこには、左記のような思考が流れます。

①認められたい（背景にあるのは、他者からの評価が得られないことへ

の恐れ）
②認められるだけのことができていない私（事実に基づかない、主観的価値づけによる自己卑下）
③認められるだけのことができていないから、認められない（主観的世界観の構築）
④存在価値のない私でごめんなさい（「だって、本当に何もできないのだから……」という自覚）
⑤この苦しさから抜け出すには、自分を高めなければならない（自分でつくったハードル）
⑥でも、そのハードルが越えられない、どうしようもない私（自己憐憫《れんびん》）
⬅
①だけど（だから）、やっぱり認められたい（無限ループの完成）
こういった流れの中で、徐々に自分の存在価値を自分で貶《おとし》めてしまうんで

す。

自分の存在価値を高めたい。でも、それができない。そのループを繰り返す中で、自己憐憫はどんどん上塗りされていきます。

【第一段階】自分の存在価値が見いだせない（「本当は、社会に貢献したいのに」）

【第二段階】私の存在には意味がない（「貢献できない私は、役立たず」）

【第三段階】むしろ、私（役立たず）の存在が社会に迷惑をかけている（「存在していてごめん」）

【第四段階】何もできない私が社会に貢献する唯一の道は、迷惑をかけている私がいなくなることだ

これによって「ひきこもり」や「自殺」などといった「社会からの隔離・抹殺」を自らの手で成し遂げてしまうのです。

では、そんな負のスパイラルから抜け出るには、どうすればいいのか。

アクセル（進もうという気持ち）とブレーキ（逃げ出したい気持ち）が同時に踏まれれば、当然エンジン（心）には大きな負荷がかかります。オーバーヒートしてしまいます。だからこそ、そういうときは、無理に前に進むことは、ちょっと待ちましょう。「停滞」のままでOKです。その停滞期間がどんなに長く感じられていても大丈夫。

無理に前に進むことは、より大きな苦しみとなってしまいます。だって、「前に進む（生きる）こと自体に抵抗や恐れがあるまま」なのですから。だから、無理に前に進もうと頑張らないでください。

まずはその「前に進もう」という気持ち、アクセルを踏むことをやめましょう。

そうすれば、ブレーキだけが踏まれている状態になります。

「進まない（停滞している）」ということに焦りを感じるかもしれませんが、

その状態は、実は「停滞」ではありません。オーバーヒートしていたエンジンの「冷却期間」です。「何も変わっていない」のではなく、ちゃんと「改善」になっているのです。そういうわけで、まずは焦ることなく（アクセルを踏もうとせず）、ゆっくりと療養してください。

その療養時、一番大事なのが「考えないこと（思考に巻き込まれないこと）」。身体よりも、頭を優先して休ませてあげてください。その秘訣《ひけつ》は、第4章でお話ししたとおり「感じること」。もう一つは「リラックス」です。

どうしても思考に巻き込まれてしまう場合は、身体を緩めることを通して、頭を休ませてあげましょう。

思考と身体は、僕たちがふだん意識しているよりもずっと、密接に連携しています。だから、身体をリラックスさせることができたら、頭もそれについてきてくれるんです。

頭のてっぺんからつま先まで、身体中のありとあらゆる筋肉を弛緩《しかん》させてみてください。

首、肩、腕、手のひら、太股《ふともも》、ふくらはぎ、つま先、おなか、腰、おしり……と、一つひとつ丁寧に確認していくように。

一通り身体の脱力を確認したら、今度は顔の筋肉を緩めていきます。額、頬《ほお》、鼻、目のまわり、顎《あご》、口……。

脱力の感覚がわかりづらい場合は、一度グッと大きく力を入れてから抜く、というような工夫をしてみてもいいかもしれません。

その他、BGMや香り、光の加減など、自分がリラックスできる環境を整えるのもいいでしょう。

自然の中で深呼吸したり、川のせせらぎに耳を澄ませてみたり。また、おいしい食事をゆっくり楽しむなど、フィーリングを取り戻す感覚とリラクゼーションを組み合わせる、なんてこともオススメです。

「うつ」は、意識が「思考の次元」にあるときに出てくる症状。意識が「いま」にシフトしたら、症状も、状況も、瞬く間に変わり出します。

「うつ」というその状態は苦しいと思いますが、本当に大丈夫ですから。

仮に、いまよりもっと大丈夫じゃない状況になっても、大丈夫ですから（笑）。

焦らずゆっくり。焦っちゃったとしても、そんな自分を責めずに愛してあげる。

まずは、ため息を深呼吸に変えるところから、始めてみませんか？

雲 黒斎

あなたがあなたとして存在しているそのことが、あなたの使命です。それ以外に、あなたに課せられた役目などありません。ですから、どうぞあなた以外のものになろうとしないでください。

いいね！・コメントする・@un_kokusai on Twitter・シェア

第9章

アセンション後の新世界

「ねえ、雲さん。そろそろ『新世界』のことを教えてくれないかな」

よろしい、教えてあげよう。

初代通天閣、およびルナパークが完成したのは明治四十五年。その当時の通天閣は凱旋門《がいせんもん》の上にエッフェル塔を載せた様子を模したもので……。

「大阪の『新世界』じゃないって（笑） 僕が聞いてるのは『アセンション後の新世界（第4章の続き）』だよ。人生ゲームの第二ステージが、どんなものなのかが知りたいんだ」

わかってるよ（笑）。

「なら、ちゃんとお願いしますよ」

では始めるとしよう。

「アセンション後の新世界」は、人間それぞれの意識が「キャラクター」から「プレイヤー」に切り替わっている世界だ。

意識のシフトが起こった後も、実は目に見える世界そのものに変化はない。それまでどおりの世界が目の前にある。そこで諸問題がなくなっていることもない。想定外のハプニングも相変わらずやってくる。

ただ、それにかかわる「自分」の側に変化があるんだ。「プレイヤー」という俯瞰《ふかん》の視点を得たことによって、「深刻さ」の中に埋没することがなくなる。

問題に対して反射的（自動的）に反応していた混乱・錯乱状態から、冷静な自覚をもって取捨選択できる、透徹・明晰《めいせき》な意識状態になっている。

それは、反射的にわき起こる思考や感情に振り回されるのではなく、無理に停止させるのでもなく、それら（思考・感情）を、意識的に活用することができるということ。

となれば、それにつれて世にある問題の数々も、それに従っておのずと解決されていく。

次いで、社会構造そのものが変わり出す。

これまでの時代に築かれた社会システムは、キャラクター意識がよしとしてつくり上げたシステムだ。それは、互いが心を閉ざしたままの状態で、何とか折り合いをつけて生きながらえようと試行錯誤した結果ともいえる。

心を閉ざした意識にとって都合のよかったシステムも、心を開いてしまうと見え方がまったく違う。「いままでなぜこの社会システムをよしとしてこられたのだろう?」と首をかしげてしまうほどに、違和感を感じ出す。つまり、これまでの「常識」に沿えなくなってくるんだ。

そうなると、アセンション後の意識は、それに適合した新しい社会システムの構築を望むだろう。

そこに、少々の混乱が生まれる。

これまでのキャラクター意識のまま、現状のシステムを存続したい者と、プレイヤー意識から、新しい社会構造への変革を望む者との間にギャップが生じるからだ。

革新派（プレイヤー）の示す構造改革指針（常識の崩壊）に、保守派（キャラクター）は大きく反発・抵抗する。それは世界に一時的な混乱を生むが、そう長くは続かないだろう。

心の壁の自動解放に従って、第二ステージに入る意識が増えていくからだ。第一ステージを生きる意識と、第二ステージを生きる意識の人口比率が逆転していく。より円滑にシステムを変更していくことができるわけだ。

「具体的には、社会システムはどのように変わります?」

それはおまえたちの自由意思で決めるものだ。どのようにでもすればいい。「マーヤー」の目的は、その「自由」。せっかくプレイヤーとしての自覚を取り戻し、ゲームをゲームとして始めることができる状態なのに、「こうするべき」「こうなるべき」を示すのはナンセンスだろ。
だからこそ、具体的詳細は示せない。
けど、別な観点からなら、少し話せるかな……。

「何ですか、別な観点って？」

「生きる」ということにおけるモチベーション（動機づけ・やる気を起こさせる内的な心の動き）の変化についてだ。「未来」ではなく、「いま」をとらえて生きるようになる。
うん。これは、昨今の携帯電話通信規格をたとえに説明することにしよう。

「は？　携帯電話通信規格？　これまた唐突ですね」

コンピュータやネットワーク技術の変化はめざましい。

これは一つの、物理次元レベルにおけるアセンション（次元上昇）だよ。この変化によって、まさに、「つながり」が世界中に広がっているじゃないか。

まぁ、そんな話はどうでもいい。私がこれから話そうとしていることとは要点が違う。

「とにかく、続きを聞かせてください」

携帯電話の変化によって、その回線もまた様変わりしているよね。

一昔前なら、「音声通話」というやり取りの情報量を流すだけでよかった。が、スマートホンの登場などで状況は変わっているよね。電話というより、コンピュータそのものを持ち歩いているようなものなんだから。通信における情報量も莫大《ばくだい》に膨れ上がった。

そこで、これまでの電話回線ではなく、大容量データ通信が可能となる規格が現れた。おまえのスマホの画面にもその表示があるよね。「3G（第3世代移動通信システム）」ってやつだ。

そのシステムの登場から十年ちょっと、最近では、さらにその上をいく新しい規格が登場した。「LTE」だ。

「たしかに、最近は携帯電話会社のCMでもよく目にしますね。

……でも、それと『アセンション後の新世界』の話に、何の関連が？」

「マーヤー」の第一ステージにおけるモチベーションが「3G」、それに対して、第二ステージにおけるモチベーションが「LTE」に変化するんだ。

「あの、すみません……。まったく話が見えないのですが……」

一昔前に、若年層が敬遠する労働「きつい」「汚い」「危険」の頭文字をとって、「3K」って呼んでいたことがあっただろ？

「まさか……。ここに来て、またダジャレ系のオチですか？」

まぁいいから続きを聞きなさい。

第一ステージで活用されてきたモチベーションは「3G」。

それは、「義務」「犠牲」「我慢」の三つだ。

それが第二ステージに入ると、それは「LTE」に切り替わる。

これは「LOVE（愛）」「THANKS（感謝）」「ENJOY（楽しむ・味わう）」の三つ。

通信業界だけではなく、精神世界においても、「時代は、3GからLTE」へ移行していく。

「うまい！（笑）」

ただ……。もう少し補足をいただけますか？

どうも、〝義務と犠牲と我慢〟が第一ステージのモチベーションってのがよくわからない」


何を言ってるんだい。この「3G」は、かつておまえもどっぷり活用していたものじゃないか。

「え？　そうですか？」


そうでしょう。そのせいで記憶障害にまでなっちゃったんだから。

おまえが考えていた「いい人像」みたいなものを思い出してみればいい。

会社員として働くおまえが、会社に対して提示していた態度はまさにこの三つじゃないか。

よりたくさんの、幅広い義務をこなすことができ、生活のため、家族のためと、自分が犠牲になってストレスを請け負い、納得のいかない状況もグッとこらえて。

「そうやって頑張ってるんだから、もっとお給料をくださいよ」と。

で、その金額に納得がいかず、「もっと給料を上げてもらうためには?」という算段のすえ、「もっと多くの義務を、もっと多くの犠牲を、もっと多くの我慢を背負えれば。そうなれば、僕の努力を認めてもらえるんですよね」と、自らその中へ入っていった。

違うかい?

「いや……、違わないです」

おまえだけではない。第一ステージを生きる人の多くは、知らず知らずのうちに、この観念にはまってしまっている。

会社だけではなく、家庭内の役割などにおいても、ありえる話だよ。

たとえばね、「主婦」という役割において。

掃除、洗濯、お料理などの日常的な家事はもちろん、母として、妻としてのさまざまな義務（やらなければならないこと）を背負い、でも、「私がやらずに誰がやってくれるというのよ」と自分が犠牲になり、「私だって、本当はあんなことやこんなことをしたいのに」という自分の気持ちを押し殺し、子供のために、家族のために……、って。

そして、その「義務・犠牲・我慢」が背負えずにいると、何となく「母として失格」だとか「まだまだ人間としての成長が足りない」などという罪悪感に苛《さいな》まれたり、また、同様の観念を通して他者を責めちゃったりね。

「うわー……。たしかにあります、僕にもそういうとこ……」

でもね、「行為」としては同じでも、義務や犠牲や我慢といった卑屈なスタンスではなく、愛と感謝をもって、楽しんで取り組むことだってできる。

そうだろう？

「そうですね……」

もう一つ例を出そう。

ある日、おまえがコンビニに買い物に出かけたとする。

レジの向こうに二人の店員さんがいるのだが、この二人は見るからに対照的だった。

一人は、見るからに「3G」な店員さん。しっかりとマニュアルに従って頑張ってはいるものの、明らかにさまざまなストレスを抱えて、奥歯をかみしめながら立っている。

もう一人は、見るからに「LTE」な店員さん。自分の仕事に誇りと愛情をもって、本当に楽しそうに仕事に向かっている。

さて、このときどちらのレジもすいていたとしたら、おまえはどちらの店員さんに品物を渡したいかね？

「う〜ん、やっぱり気持ちがいいのは、LTEな店員さんですかね」

でも実際には、おまえは「3G」の店員さんのごとく働いていた。好きなこと、したいことではなく、本当はしたくないんだけど……ということをあえて請け負い、そのご褒美として、お駄賃をもらう。労働とは関連のない楽しみを実現するため、しょうがなく働く、そんな感覚がついて回っていた。

「はい、そのとおりです……」

おまえの場合は、この「3G」の観念がさらに金銭感覚に結びついてしまっていたんだ。

「義務・犠牲・我慢」のご褒美としていただくのが「お金」だった。だからこそ、このとき「お金」に与えられた意味は「ストレスの対価」。自分の苦労や我慢が認められた証しだ。

だからこそ、「そう簡単に手放したくない」という感覚が生まれる。自分が消費者という立場に回ったときも、金額の「高い」「安い」をジャッジする、その尺度は「ストレス」だ。

「あなたはこれを提供するにあたり、そんなに苦労していないでしょう？だから、これではボリすぎです」だとか、「これほど大変なご苦労をされたものが、このお値段？　それは安い」という感覚での消費活動になる。

さらに、「ストレスの対価＝お金」の観念を保有しているがゆえ、「巨額をもつ」ということに抵抗感や恐れが生まれる。「そんなにたくさんのストレスは背負えない」となるわけだ。

そしてまた、他者が裕福であることにも、納得がいかない。もちろん、背景にそれ相応の苦労が見えるなら「すごい人だ！」とほめたたえるが、そうでない場合は、「苦労もせずにお金を得るなんて！」と、豊かである人が無条件に「悪」として映る。

が、意識が「LTE」に移行すると、この感覚も一変する。

好きなことや、やりたいことを、楽しみながら報酬を得たとしても、罪悪感が生まれなくなるからね。だから、先ほどとは「お金」のもつ意味がまるで違ってきてしまうんだ。「ストレス」という尺度が存在しないから、「豊かさを素直に受け入れられない」ということがなくなっていく。

「お金」の意味が、「ストレスの証し」ではなく、「愛や感謝、喜びの証し」に入れ替わる。

「ストレス」ではなく「感謝」の対価になれば、支払いの際にも「持っていかれる」「奪われる」という感覚はない。

提供されるサービスや品物に対して、「私はあなたのご厚意に、これだけの感謝を示すことができます」といった、「ありがとう」の気持ちとして使われ出す。

「支払い」という行為に変わりはないが、その根底に流れるものはまったく別物だ。「希少価値の奪い合い」から「豊かさの与え合い」になっている。

そうなれば、一概に富める者が「悪」に見えることもないだろう。それだけたくさんの感謝を受けることができた人、という見え方が現れ出すからね。

とはいえ、本格的な「LTE」の時代が始まったら、いわゆる「お金持ち」というのは、徐々に姿を消していくだろう。


「お金のない時代がやってくる?」


いや、そういうことではない。

精神世界でも時折その話題を耳にすることがあるが、そのほとんどは先ほど話した「お金=ストレスの対価」という観念の中で話されていることが多いからね。「悪いものはなくなれ」という発想だ。

しかし、お金そのものに、よいも悪いもない。使う側がどのような意味を与えているかがすべてだ。

だとすれば、問題は「貨幣の有無」の中にはない。「取り扱い方」だ。

その意味づけを行っている根本の意識が変わらなければ、世の中からお金をなくしても問題は解決しない。「お金がある社会システム」の中でうまくいかないのなら、「お金がない社会システム」に移行してもうまくはいかないさ。

だから、私が話そうとしているのはそういうことではない。

あらゆるものに対する「個人的所有」という感覚がなくなっていくということを伝えたかったんだ（「個人」の意識が「全体」の意識に移行しているのだから当然だね）。すべてが「共有財産」として活用されていく。

その中で、まず先に「幻想」から抜けるのは「お金」だろう。これまでの時代だって、お金は「個人的」な所有が不可能だったのだから。

「ん？　お金の個人的所有が不可能？」

おまえは一度たりとも「自分のお金」など手にしたことがない、ということだよ。

「いやいやいや、僕にだって幾ばくかの貯蓄はありますって」


だから、それは「おまえのお金」ではないだろう。

お札の一枚一枚に、署名と捺印《なついん》、連絡先でも書いているのかい？

支払いを終えてから、「あ、それ僕のお金なんで、返してください」ってなるのかね？（笑）

仮に書いていたって、返してはもらえないだろ。

お金はもともと、誰のものでもない。共有されているツールだ。

第一ステージは「個人」という閉鎖的な意識によって運営されている世界

だから、あらゆるものを「個人」に付随させたがる傾向がある。恐れによって共有財産の占有競争が生まれていたんだ。

心が通い合っている中で、過剰な貯蓄は意味をなさなくなる。

そういった意味で「お金持ち」というものが徐々になくなっていくと言ったんだ。

「なるほど」

とにもかくにも、これまで「よし」とされてきた数々の概念があちこちで崩壊していく。

それは社会情勢から日常的な生活に至るまで、さまざまな面で現れていく。

だからこそ、人生の岐路において、選択を迫られたとき、この話を思い出すといい。

いまの自分にとって、「よりＬＴＥなのはどちらか」と問い、その素直な気持ちに沿えば、スムーズな道のりとなるだろう。

「義務」「犠牲」「我慢」はどれも、「先にある幸せ」というものを見据えた「手段」の一つにすぎない。

「LOVE」「THANKS」「ENJOY」は、「幸せ」という状態、その中にある。

「いつか訪れるであろう幸せ」のために「義務」「犠牲」「我慢」を背負うのではなく、いまここにある幸せ「LOVE」「THANKS」「ENJOY」をつかみなさい。

そしてまた、「LTEを選択せよ」というこの言葉を、「義務」にしてはならない。

それならむしろ「義務と犠牲と我慢」を「ENJOY」するほうがいい。そこにはもう「3G」時代の苦しみはないからね。

新時代の到来は、これからのことではない。すでに訪れている。

「マーヤー」の第二ステージは、「神であることを思い出していくゲーム」だ。

第一ステージで経験した数々の呪縛《じゅばく》から解き放たれ、奇跡を経験していく時代だ。

恐れることなく、自分の気持ちに正直に、「うれしい」「楽しい」「大好き」をアンテナとして、ゆったりと人生を楽しみなさい。

そうすれば、おまえの想像を超えた形で、夢は叶《かな》う（DREAMS COME TRUE）。

雲 黒斎

本当にうれしい出来事は、いつもサプライズ（想定外）で訪れる。
それなのに僕たちは、ついつい予定を立てたがるんだ。予定どおりに事が運んでも、さほどうれしくないと知っておきながら……。

いいね！・コメントする・@un_kokusai on Twitter・シェア

第10章

スプリング・ハズ・カム

さて、どこの馬の骨ともわからぬ一ブロガーの回りくどい戯れ言《ざ》を、ここまで読んでくださって、本当にありがとうございます。賛否両論、さまざまなご感想はおありかとは思いますが、ほんの少しでも、お楽しみいただけたなら幸いです。

さて、そんなこんなで、これまでいくつかのお話をしてまいりましたが、結局のところ、僕がお話ししたいことは、たった一つに集約されます。それは、「みんなで一緒に、幸せに生きようよ！」ということです。

それをこうしてストレートに言葉にしてしまうと、どこか空々しい感じや稚拙な印象を与えてしまうかもしれませんが、それを現実にすることは、決して夢物語ではないと、僕は真剣に思っています。

なんたって、僕たちの本質は「神様・仏様」なのですから。僕たち一人ひとりがそれを選択しさえすれば、まったく新しい時代を築くことができるはずです。

そしてまた、雲さんはあるとき、僕にこう伝えてくれました。「大丈夫だよ。そんなに心配しなくても、もう新しい時代は始まっているじゃないか」
と。

この章では、最後の締めくくりとして、このお話をしてみたいと思います。

＊＊＊＊＊

「え？　心配しなくても大丈夫って、どういうことです？　自然環境を見ても、国際情勢を見ても、どちらかといえば悲観的にならざるをえないような出来事が世界中で立てつづけに起こっているように思えるんですけど……。そんなふうに言われても、正直ピンとこないなぁ。これから何が起ころうとしているんですか？」

「何が」と聞かれても、具体的なものをひと言で説明するのは難しいな。いろいろなことが起こるからね。

でもまぁ、そうさな。ざっくりと言ってみれば「春が来る」ってところかな。

「春が来る?」

そう。

おまえが現象界の中で日常的に感じているエネルギーの動きの中に「四季」という流れがあるだろう?

「ええ」

物質世界が、四季という摂理（エネルギー運行）によって変化・循環しているのと同じように、精神性の次元においても、千二百年周期で循環している四季（エネルギーの流れ）があると思えばいい。

存在の意識レベルは、たえずその摂理の中で循環しつづけている。その中において、人間の意識レベルは、長らく（二千〜三千年ほど）「冬」の時代を生きてきたんだ。

あ、「意識レベル」とはいっても、それは「高い・低い」とか「いい・悪い」って話じゃないよ。春夏秋冬の「どれがよくて、どれが悪い」と言えないのと同じようにね。

ただ、そうとはいえ、やっぱり「冬」は「冬」だからね。ある観点から見たら、「厳しい」時代であることは確かだ。猛吹雪の中で夏と同じような活動の仕方をしようとしても無理が出るし、そこには努力や苦労も必要となる。でもそれも、もうそろそろおしまいだ。人間の意識レベルが、いよいよ春を迎えようとしているからね。

現におまえも、意識レベルのシフトが訪れてから、取り巻く環境が変わってきただろ？

「そりゃぁもう、変わったどころか、怒濤《どとう》の流れに戸惑いっぱなしですよ。長らくお世話になっていた会社も退社しちゃったし、北海道から東京に引っ越しして、住環境もご近所づきあいも、何から何までそっくり変わっちゃったんですから！　でもまぁ、それは当然、自分で決断したことなんだけど……」

おまえが戸惑うのも無理はないさ。もう何千年もの間、冬の時代を生きてきたんだからね。新しい季節の到来に慣れていなくても当然なんだ。

よし、せっかくの機会だから、いま話しておこう。おまえ自身においても、また、おまえを取り巻く周辺環境においても、これからまだまだ変化は訪れるよ。おまえの想像をはるかに超えるレベルでね。

でも、恐れることは何もないからね。変化を恐れず、ゆっくり慣れていきなさい。

「い、いや、そんな『僕の想像をはるかに超えるレベルの変化が訪れる』なんて断言されちゃったら、恐れるなって言われても……」

あははは。その反応（変化に対しての防御反応）がまさに冬仕様だね。

では、おまえがもう少し安心できるよう、たとえ話を続けることにしよう。

「よろしくお願いします」

じゃあね、今度は、人間を「タンポポ」にたとえることにしよう。

冬の時代を生きている人間というタンポポはまだ、春の到来、雪解けを待っている状態だ。それはいうなれば「タネ」という状態だね。長らく、暗く冷たい地中奥深くに眠っている。

しかし、春が来ると、そのタネに急激な変化が訪れる。「芽吹き」という変化だ。それによって、それまでとはまったく違う世界が見えてくる。

その事実を早々と告げたのがブッダやイエスなどを代表とする覚者たちだ。彼らはいわば「早咲きのタンポポ」だね。

まわりの「タネ」の多くが、まだ「タネ」という状態のままジッと地中に眠っている中、彼らはまだ雪が残る大地に早々と芽を出した。

そして、声高らかにこう宣言するんだ。

「みんな、聞いてくれ！　僕たちはずっと、暗く冷たい地中という世界しか知らなかったけど、それが世界のすべてではなかったんだ！『地上』という、光り輝く未知の次元が存在していたんだよ！　この土の中は壁と暗闇《くらやみ》だらけで、お互いのことすらよく見えずにいたけど、地上はまったく違うんだ。そこにおいては、僕たちの間に壁は存在していないんだよ！　想像を絶する空間が広がって、上を見れば大きな空があり、さらにそこには、暖かく燦々《さんさん》と降り注ぐ太陽の光というものがあったんだ！」って。

「あぁ、なるほど！　それはまさに『空《くう》』の発見だ！　それに、昨今の精神世界で目にする『光の時代の到来です！』っていう言葉ともニュアンスが一致しますすね！」

うん、そうだね。

そして、地中に大きく根を張って、土や雪を押し分けて芽を出し、誰より先に地上という世界を目撃した彼らは、たくさんの真実を語った。

自分たちは「タネ」という固定された存在ではなく、もっと大きな可能性を内在している「タンポポ」であるということ。そして、タネ自身の努力とは別に、「春」という季節の到来（アセンション）によって芽吹き（さとり）は起こるということ。さらに、自分だけではなく、誰しもが例外なく、それを体験できる潜在的な能力を秘めているということ。

そういったことを伝えてきたんだ。

「なのにまわりにいるタネは、自分自身に根も葉も出ていないから、彼らの話がまったく理解できなかった。真実を語ってくれているというのに、『空？光？　何だよそれ？』って、まるで聞く耳をもたなかったと」

その後もポツポツと早咲きのタンポポたちが世に現れ同様のメッセージを伝えたけど、それを耳にする多くの「タネ」は、自分という存在を「あくまでタネだ」と信じて疑わなかった。

まぁ、タネがタネであることは事実だからね。そしてまた、どんなに「地上」や「光」の話を聞いたとしても、芽を出していない以上、「地中」という実感以外得られないのも事実だ。

とにもかくにも、これからおまえに訪れる変化は、「春の到来」という、文字どおり暖かなプレゼントだ。何も怖がることはないんだよ。

タンポポが越冬し、春の到来を無事迎えるためには、自分を「殻で守る」という状態が必要だった。でも、春が訪れたらもう、自分を守る殻は必要ない。むしろそれを破らなければ、芽も根も伸ばせやしないだろう？

「ええ、そうですね」

タネの殻を維持するための、恐れと防御の時代はもう終わりだ。

これからは、燦々と降り注ぐ日光の暖かさに身をゆだねて、安心して春の到来を待てばよろしい。

変化を拒み、恐れを抱えつづけるなら（タネの殻を守りつづけようとするなら）、むしろ芽吹きが遠のいてしまうだろう。

自分を守る殻を維持することから、地上に向かって自分の芽や根を大きく広げることに目を向けなさい。

とはいえそれは、特別「何かをしなさい」という話ではない。春になれば、「タネ一つひとつの努力」ということとは関係なしに、自然と花は咲き出すのさ。

「タネの努力とは関係ない？」

そう。冬の意識レベルを生きる者には、なかなか受け入れられない言葉かもしれないけどね。しかし、真実のレベルでは「分離」は存在しない。「個」というものが幻想なのだから、「個の努力」ということもまた錯覚だ。すべては全体性の動きの中で起こる。

タネが「春に向かう」のではない。タネのもとに、「春が訪れる」んだ。だから、これは、決して難しい話ではない。タネの側が「春の訪れ」というその動きを知っていても、知らなくても、「地上」というこれから訪れる新しい人生の存在を信じていようといまいと、春は必ずやってくる。恐れることも、難しく考える必要もない。

もちろん、春が来ればタンポポは一斉に花咲きはじめるけど、だからといって「一緒に」花開くわけではない。「それではみなさん、四月一日正午をもちまして、春といたします。タイミングを合わせて一斉に開花いたしましよう」って言って、ワッと花咲くことはないだろう？
　早々と花開くものもいれば、なかなか芽を出さないタネもある。でも、「早いほうがエライ」ってことでも、「遅いのは悪い」ってことでもない。そしてまた、誰か一人だけが取り残されて「冬のまま」ってこともない。誰一人の例外もなく、みんなのところに、春は必ずやってくる。

「ふむふむ。その『春の訪れ』が、いわゆる『アセンション』ってワケですね！」

　そのとおり。楽しみにしていてごらん。世界の変化は、徐々に訪れる。ゆっくりなようでいて、とても速く変わっていくよ。
　必死になる必要はない。もっと単純になってごらん。単純でいいということを認めてごらん。どんなにバカバカしいと思えても、おまえ自身が、単純に喜べることを選んでごらん。自分の本当の心、素直な気持ちを、もっと解放しよう。

それこそが、タネを芽吹かせる、太陽の光となるだろう。

ということで。どうやら雪解け（アセンション）は、着々と進んでいるようです。

「地中」という暗闇の世界から、「地上」という光の世界への移行。

本格的な春の到来は、もう目の前。

雲さんが告げてくれたその言葉に嘘《うそ》はないと、僕は確信しています。

第11章

神様からの宅急便

それは、いわゆる『引き寄せの法則』について、雲さんに尋ねたときのこと。

やはりその日も、僕が期待していた返答とは別の形で、雲さんは僕の目からウロコを落としてくれました。

「ねえ雲さん、精神世界ではよく『引き寄せの法則』ってのを耳にするんですけど、こういう法則って、本当にあるんですか？　あるなら、それはどうすればうまく活用できるんでしょう？

というのもね、ビジュアライゼーション（願望が実現された様子をありありとイメージする）やらアファメーション（肯定的な宣言を繰り返し潜在意識へ刻印する試み）やら、いろいろなメソッドが紹介されているけど、それでみんながみんな願望を実現できてるわけじゃないでしょ？

それらを学んでいくと、やっぱり『何かを実現したいのなら、それがすでに叶《かな》ったかのごとく振る舞いなさい』みたいな言葉に行き着くことが多いんだけど……」

そう、それこそがそのまま答えで、最大のポイントだ。よけいな努力や画策を持ち込んではならない。結果を求めて原因をつくり出そうとしてはならない。ただ、すでに叶ったかのごとく振る舞いなさい。

「は？」

つまり、あれこれ躍起になって「引き寄せようとしなさんな」ということだよ。

「え？」

そう小難しく考えるな。

「叶ったかのごとく振る舞う」んだろう？　だったら、それはつまり「もう実現しようとはしていない」ということだよな。だって、「すでに叶っている」んだから。

「あ……。じゃ、じゃあさ、ビジュアライゼーションとか、アファメーションとかって、あれは何なんですか？　願望をありありと、よりリアルに想像することによって、実現に向けてのエネルギーが高まるとか何とか……」

あのさぁ、もし「願望をありありと、よりリアルに想像することによって願望が実現される」のであれば、おまえはもう、相当な数のＡＶ女優さんとまぐわってることだろうよ。

おまえの人生の中で、あれほどリアルにありありと想像していることもなかろうに。

「ぐ……（苦笑）」

神様をなめちゃいかんよ。

いつ何時も、決して頭の中からなくならないよう、イメージと宣言を繰り返し、毎日毎日「お願いします、お願いします……」「叶いますように、叶いますように……」って、そこまでしないと、人間が何を望んでいるのかを理解できない神様なんて、ショボい。

「アレをしてくれたら叶えてあげるよ」とか、「君は○○だから叶えてあげない」とか、何かと交換条件を求めてくる神様ってのも、ショボい。

「た、たしかに（笑）」

ビジュアライゼーションだの、アファメーションだの、なんちゃらメソッドだの、そんなにアレコレ試行錯誤しなくたって、神様はおまえが何を欲しているかなんて全部知っているよ。

人間のあらゆる願いは、おまえがアマゾンで買い物をするときと同じぐらい簡単に、願いは神様のもとへ届いていると思いなさい。

「もっとお金が欲しいです」ショッピングカートに入れる（カチッ）。「理想のパートナーとの出会い」お急ぎ便無料でショッピングカートに入れる（カチッ）。注文を確定する（カチッ）。

わざわざ伊勢神宮にお参りにいかなくとも、願いはそれぐらい簡単に神のもとへ届く。

「じゃあ、どうして叶えてくれないんです？

僕の願いを知ってるのに叶えてくれないんじゃ、それはそれでやっぱりショボい神様ですよ」

それは大きな勘違いだな。神様はいつだっておまえのもとを訪ねてきてくれている。

「神が願いを叶えてくれない」のではない。「おまえが受け取ってくれない」だけだ。

「ええ?」

発注を受けた神様は、迅速に発送に向かう。業者に頼むのではない。神様自らが飛脚便の縞々《しましま》のユニフォームに着替えておまえのもとへ向かう。

「黒斎さーん、お届け物でーす!」

そうやって神様はおまえのもとへとやってくるが、残念なことに、いつだって留守なんだ。

「留守、ですか?」

荷物の発送先に記載されている、おまえの住所は「いまここ」だ。が、それを受け取るはずのおまえの意識はいつもそこから離れ「いまではない、いつか」「ここではない、どこか」へお出かけ中。それじゃ荷物は渡せない。神様が置いていけるのは不在通知だけだよ。

「ご連絡いただければ、再配達いたします」と。

だから、同じ願いばかり何度も何度も唱えないでくれ。発注はもう届いているから、それをちゃんと受け取っておくれ。

考えてもみなさい。毎日毎日アマゾンに大量の発注がやってくる。それをそのたびに配送する。それなのに、受け取ってもらえないのだから。これじゃあ悪質ないたずらと変わらない。

まずは、ちゃんと受け取れるよう、我が家（いまここ）にいておくれ。そうすれば必ず、神の訪れ、「ピンポーン」というチャイムを聞くことができる。

が、それでもなお、受け取ってくれない人間も多いからな、おまえの場合はどうだろうか。

「我が家にいても受け取らない？　どうしてです？」

ありのままの自分を受け入れることができていなければ、「僕のところに神様からプレゼントが届くはずがないじゃないか」といった姿勢が生まれる。そんなこんなでドアスコープをのぞき込みながら、じっと息を潜めての居留守状態。ドアを開けずにじっと様子をうかがうんだ。

日常的な防犯対策と同じだと思えばいい。第４章で話したとおりさ。外部の攻撃から自分を守るため（恐れによる防衛反応）、そして、心の内側をのぞき見られないようにするため（劣等感や罪悪感など）。その要因をもとに、チャイムが鳴っても、玄関ドア（ハート）を開けられずにいるんだ。

「なんてもったいない……。でも、僕もそうだな。何かがうまくいきそうになると、理由もなく怖くなるんだ」

自我は「変化」を嫌うからね。「人生を変えたい」と言いつつも、実際の生活に変化を取り入れようとしない人が多いのはそのためだ。

「何かが変わることによって、どんなリスクが生じるかわからない。いまより悪くなるぐらいなら、現状維持が望ましい。現状は悲惨でも、この悲惨さにはもう慣れているし……」と、自我はこう考えてしまうから。

「ええ。そのとおりですね。僕もずっとそんな感じでした」

とにもかくにも、結局「自分」を受け入れることができないと、玄関ドアはなかなか開けられない。そして、神様の恩寵《おんちょう》を受け取らず、人生の空回りが続いていく。

そんな中、「何かがおかしい」とようやく気づき出し、精神世界に関心を寄せる。そこで「我が家（いまここ）で待っていれば、神は本当に自分で荷物を届けてくれるらしいぞ」という情報に出会うわけだ。

そして、「ピンポーン」というチャイムとともに、神は訪れる。

が、それでもまだ人は素直にドア（心）を開けてはくれない。

チェーンロックをかけたまま、隙間《すきま》を開けるようにして、警戒しながら確認をとる。「本当に、神様ですか？」と。

そこでいくつかの確認をとり、ようやく本当に神様だったとわかる。

しかし、それでもなお、人は玄関を開けてはくれない。

「な、なぜ？」

我が家の内側、玄関の反対側を確認すると、イヤな思い出やトラウマ、解放しきれていない感情が渦巻き、ネガティブな思考癖があちらこちらに散乱している。

気がつくと、我が家（心）はすっかりゴミ屋敷状態だ。「これではあまりにも恥ずかしくて、神様にお見せできやしない」となって、神様に再度こう話す。

「大変失礼をいたしました。あなたが神様であることは十分に理解できました。しかしながら、それでもなお、このドアを開けるわけにはまいりません。ただいま我が家はあまりにも散らかりすぎておりまして、このドアを開けることすらお恥ずかしい状態でございます。これから掃除いたしますので、いましばらくお待ちいただけないでしょうか？　いえ、とはいえ、これほどまでに散らかった我が家、そう簡単にきれいになるとは思えません。掃除が終わりましたら再配達依頼のご連絡申し上げますので、いったんお引き取り願います」と。

そして、いよいよ精神修行を始める。心の断捨離、人生がときめく片づけの魔法の始まりだ。

「それがいわゆる『感情解放ワーク』や『ヒーリング』などと呼ばれるものですね！」

そう。

まぁ、これらもやりたいなら納得するまでやればよろしい。が、本当はそれすらもいらない。

「え？」

神様はそんなこと気にしちゃいない。片づいていようがゴミ屋敷だろうが、かまわないんだ。

だから、悪いことは言わん。さっさと玄関のドアを開けてしまいなさい。

「でも、それが恥ずかしいからこそ開けられずにいるわけで……」

大丈夫。おまえがドアを開けてくれさえすれば、その意味がわかるはずだ。心のドアが開け放たれた瞬間に、神様はおまえの目の前で飛脚便のユニフォームを脱ぎ去り、ダスキンさんのユニフォームに着替える。おまえの代わりに家中をピカピカに、プロフェッショナルな掃除を始めてくれるぞ。

「マジッすか!?（笑）」

「神の恩寵を得られる資格のある人間になろう」などという努力や修行は必要ない。

いまの、あるがままのおまえのままでいい。ただ、素直に受け取りなさい。『引き寄せの法則』は複雑な条件やメソッドが必要なものではない。それは、おまえが思っているよりも、ずっとシンプルで簡単な仕組みだ。いっそその名称も、『お取り寄せの法則』とでも改めてみてはどうかね。

配送されるそのときに、おまえ（意識）が我が家（いまここ）で待ってくれさえすれば、それは簡単に受け取ることができるから。

エピローグ

「幸福」は、何かを得ることによって生まれるものではありません。

「不幸（満たされない気持ち）」の不在によってもたらされるものです。

「不在」によってもたらされるのですから、それを「得る」ことで実現しようとは思わないでください。

「幸せ」というものが、どこかに存在しているわけではないのです。

どこかに存在しているわけではないのですから、探しても見つかりません。

不幸がない、その「状態」のことなのですから、どこかから持ってくる必要なんてないんです。

「幸せが必要」なのではなく、「不幸が不要」なのです。

「幸せが足りない」のではありません。「不幸が多すぎる」のです。

どうか、「幸せ」を得ようとはしないでください。

ただ、大事に抱えつづけている「不幸」を手放してください。

こういうお話をすると、次いで「どうやって手放せばいいのですか?」と聞かれます。

そういった質問が生まれる方に最初に気づいてほしいのは、その質問自体が「不幸を抱えつづけようとしているからこそ出る」問いだということ。

そして、「私は不幸だ」と言いつつ、その「不幸」が何であるかが、とらえ切れていないということです。

もしいま、自分がウンコを握っていることに気づいたとして。不快だと思ったなら、ただ手放せばいい話です。

自分で握っているウンコを手放すのに、「どうやって手放せばいいのですか?」なんて質問は出ません。握り締めることをやめるだけです。むしろ不快なら、「手放すな」と言われても手放したくなるでしょう。

本来「手放す」というのは、それほどに簡単なものです。

自分にとって本当にいらないものだと感じたなら、それを手放すことは、誰にでも実現可能。特別な教養も、特殊な才能も、血と汗のにじむ訓練も、誰かの命令も必要ありません。

つまり、「手放せない」のは、その方法を知らないのではなく、単に「手放したくない」という思い、握り締めているものに対しての執着があるからにほかなりません。

「あなたは、あなたのままでいいんですよ」と言われて、素直に「そうですよね、私のままでいいんですよね！　あっ、問題なんて最初からなかった！（笑）」と、心から理解・納得してくれる人はあまりいません。

たいていは、「そんなはずはない！」と、たくさんの「このままでいいわけがない理由」を提示します。

「いかに自分が他者や社会（環境や境遇）の被害にあっているか」を挙げていくその過程が、自らの手で「被害者としての私（という役回り）」を確固たるものにしているのだとは気づいていません。

ときには、いま自分が抱えている問題とは何の関連もない時事問題なども引き合いに出して、「このままでいいわけがない理由」を正当化しようとします。

結局、僕がどんなにお話ししようとも、その人は「このままでいいわけがない（私には常に何かが足りない）」というその姿勢を貫きたいのです。一生懸命「不幸であるところの私」を表現したいのです。なかには、「私を幸せにできるものならしてみるがいい」と言わんばかりの姿勢で迫る人も少なくありません。

そこまでいくともう、口では幸福でありたいと願いつつ、行動としてやっているのは「不幸な私」のアピールです。

「どうだ！　私はこんなに不幸なんだ、すごいだろう！　見たことないだろう！」ってアピールされても、ねぇ（笑）。

「そうですね、あなたは本当に不幸なんですね。お気の毒です」と、僕に認められたところで何にもならないじゃないですか。それで喜ぶのはその人の「自我（特別意識）」だけです。

「自我」はいわば、自信のなさの塊ですから、「自分が不幸である」というそのことにすら、自信がないんです。で、たくさんの人に「不幸である」という認定を受けることで、「不幸な私」というアイデンティティを確立したがっちゃう。

ましてや「幸せを説く先生」のお力をもってしても「幸せになれない私」なら、自分の不幸にも絶対の自信がもてます。「やった！　先生の幸せ力に、私の不幸力が勝った！」という、変な誇りです（笑）。

だからね、誰もあなたを幸せにしてはくれません。

「僕があなたを幸せにしますから！」っていうプロポーズの言葉は、その気持ちが本当であっても、実現できるものではありません。

自分を幸せにできるのは、自分以外にいないのですから。

僕がお話ししていることは、もうそろそろ、不幸を抱えつづけることにエネルギーを費やすのはやめてみませんか、ということです。

「幸せになろう」とするその前に、「不幸でありつづけよう」とする自分のクセに気づきましょう、ということです。

「どうやって気づくんですか?」

その質問がクセです(笑)。

どうやってもこうやってもありません。最初の一歩がそのままゴールです。

だからそこに「条件」も「過程」もありません。

「状況を変える」となればプロセスを必要としますが、「不幸を手放す」なら一瞬です。ある状況と、「不幸」という観念を結びつけなければいいだけです。前著に記載したとおり「幸福になる条件」をもたなければいいだけです。

お金がなくたって、幸せになっちゃってもいいんじゃない？

頭が悪くたって、幸せになっちゃってもいいんじゃない？

体力がなくたって、才能がなくたって、努力が足りなくたって、運がなくたって、計画性がなくたって、感謝が足りなくたって、愛がなくたって、性格が悪くたって、誰も認めてくれなくたって、ずっと不景気でも、よいことをしてなくたって、悪さばかりしていたって、エロいことばっかり考えてたって、君よりも恵まれない人がたくさんいても、君が幸せになっちゃってもいいんじゃない？

不幸散る散る、幸せ満ちる――。

そう。あのチルチルミチルの物語と同じ。幸せの青い鳥は、もとから我が家にいるのです。

この本を手に取ってくれたあなたのもとから不幸が散っていきますように。

この本に、少しでもみな様の人生に生かせるもの、気づきにつながるものがあったなら幸いです。

最後に、こんなにも筆の進みが遅い僕を、ずっと見守ってくれた武田淳平さん、サンマーク出版さん、アウルズ・エージェンシーの下野誠一郎さん、橋詰大輔さん、そして、日々僕を応援してくださっているあなたに、心より感謝申し上げます。ありがとうございました。

二〇一三年　六月

雲黒斎

文庫版あとがき

本書の執筆依頼をいただいたのは、前作にあたる『あの世に聞いた、この世の仕組み』の発売後すぐのことでした。

みなさまご存じのとおり、この本のもととなったのは同名のブログでありまして、そこから「ここぞ」という内容を厳選、加筆、編集したものです。出し惜しみすることなく、僕にできる最善のカタチで過不足なくお伝えしたいという思いで編集したものですから、そんな中で続編のご依頼をいただきましても、「ありがたいお誘いではあるものの、もうこれ以上書けることないよぉ……」と、大変困惑したことを、今でもハッキリと覚えております。

それから3年ほどお待ちいただきましてようやく上梓できた『もっとあの世に聞いた、この世の仕組み』。

すでにお気づきかとは思いますが、あれこれの試行錯誤の上、だいぶトーンや切り口を変えまして、前作以上にディープなお話にさせていただきました。

その大きな違いは、「『わたし』の有無」です。

当たり前のことながら、大抵の方は「わたしがいる」という感覚の中で生きておりますから、仏教が指すところの『無我（わたしはいない）』というお話は、なかなか通じないのです。

事実「わたし」という実体は存在しないのですが、そういったお話も、やっぱり「わたしが聞いている」に変換されて、段々と歪んで伝わってしまうんですね。

まして、いきなり「本当は、あなたは実在しないんですよ！」なんて詰め寄られても、「え、ちょっと何言ってるかわからない」と、サンドウィッチマンの富澤さんよろしく聞き流されてしまいますので、そうやすやすと口にできるものでもないと。

そういったこともありまして、前作では、精神世界や宗教という、一種嫌厭されがちなジャンルの入り口として、「わたしがいる」という感覚を土台とした例え話、『この世ツアーズ』や『宇宙立この世学院』といった内容を記載しました。

しかしながら、前作での雲さんのセリフに「これからする例え話は、おまえが『生まれてもいないし、死にもしない』ということが理解できるときまでの、話のレベルを下げた例え話、方便だからな」とあるとおり、どんなに例えが上手かろうと方便の域を出ないのです。

ありがたいことに、いまだに多くの方から「黒斎さんのお話大好きです！本当に例えがお上手ですよね！」とお褒めの言葉を頂戴しているのですが、やっぱり例えは、どこまで行っても例えでありまして、「そのもの」をお伝えできたことにはなりません。

どこか、女性が「いや〜、本当にメイクがお上手ですよね！」と言われるような、褒められているのか貶《けな》されているのか……といった、微妙な気持ちになるのです（笑）。

そこで続編では、一気に導入から「生まれていない」といったお話をさせていただいたり、『般若心経』を題材にしてみたりと、手探りながら深掘りさせていただいたのですが、いかがでしたでしょうか。

明確な答えが見つからないにせよ、これまで抱えていた常識に対する違和感などを覚えていただけたなら嬉しいです。

また、今回の文庫化にあたり、電子書籍版のみの特典となっておりました、『第11章　神様からの宅急便』が掲載となりました。

これまで単行本をご購入いただいていたみなさまにも、新たにお読みいただける内容が追加されておりますので、よりお楽しみいただけましたら幸いです。

単行本の発売からすでに数年の月日が経過してもなお、いまだ試行錯誤を続けてメッセージを発信しておりますが、少なからず活字にはできないニュアンスも含めてお話ししたいと思い、最近は定期的なお話会や対面セッションなど、直接お話しさせていただく機会が増えてきました。

ブログやSNSなどを覗いてみてくだされば、著者の近況なども垣間見られることも併せてご報告し、つたないあとがきの結びとさせていただきます。

雲 黒斎

令和元年　十一月のよき日に

単行本　二〇一三年八月　サンマーク出版刊

サンマーク文庫

もっと あの世に聞いた、この世の仕組み

2020 年 2 月 1 日　初版印刷
2020 年 2 月 10 日　初版発行

著者　雲 黒斎

発行人　植木宣隆
発行所　株式会社サンマーク出版
東京都新宿区高田馬場 2-16-11
電話 03-5272-3166

フォーマットデザイン　重原 隆
本文DTP　山中 央
印刷・製本　株式会社暁印刷

落丁・乱丁本はお取り替えいたします。
定価はカバーに表示してあります。
©Un-Kokusai, 2020 Printed in Japan
ISBN978-4-7631-6118-5　C0130

ホームページ　https://www.sunmark.co.jp

好評既刊

サンマーク文庫

あの世に聞いた、この世の仕組み
雲 黒斎
フツーのサラリーマンが守護霊と交信して知った「自分」「幸せ」「人生」そして「この世のからくり」とは？
800円

読むだけで「見えない世界」とつながる本
K
ヘビメタ好きロッカー著者と、守護霊くんが繰り広げるイラスト満載「見えない世界」の授業。
800円

「そ・わ・か」の法則
小林正観
「掃除」「笑い」「感謝」の3つで人生は変わる。「宇宙の法則」を研究しつづけてきた著者による実践方程式。
600円

「き・く・あ」の実践
小林正観
「き」＝〝競わない〟、「く」＝〝比べない〟、「あ」＝〝争わない〟。人生を喜びで満たす究極の宇宙の法則。
600円

なんでも仙人の夢をかなえる「とっておき」の方法
みやがわみちこ
不思議な仙人がゆる〜い教えでどんな問題も解決！ スピリチュアルエンターテインメント小説。
700円

※価格はいずれも本体価格です。